A ORGANIZAÇÃO ANDRÓIDE

A ORGANIZAÇÃO ANDRÓIDE

Gilberto de Abreu Sodré Carvalho

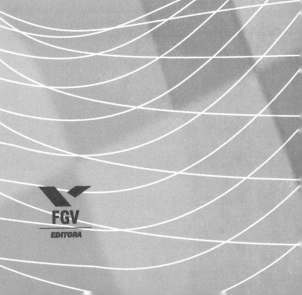

ISBN — 978-85-225-0641-5

Copyright © Gilberto de Abreu Sodré Carvalho

Direitos desta edição reservados à
EDITORA FGV
Rua Jornalista Orlando Dantas, 37
22231-010 — Rio de Janeiro, RJ — Brasil
Tels.: 0800-21-7777 — 21-2559-4427
Fax: 21-2559-4430
e-mail: editora@fgv.br — pedidoseditora@fgv.br
web site: www.editora.fgv.br
Impresso no Brasil / Printed in Brazil

Todos os direitos reservados. A reprodução não autorizada desta publicação, no todo ou em parte, constitui violação do copyright (Lei nº 9.610/98).

Os conceitos emitidos neste livro são de inteira responsabilidade do autor.

1ª edição — 2008

PREPARAÇÃO DE ORIGINAIS: Mariflor Rocha

EDITORAÇÃO ELETRÔNICA: FA Editoração

REVISÃO: Aleidis de Beltran e Mauro Pinto de Faria

Ficha catalográfica elaborada pela
Biblioteca Mario Henrique Simonsen/FGV

Carvalho, Gilberto de Abreu Sodré
    A organização andróide / Gilberto de Abreu Sodré Carvalho. – Rio de Janeiro : Editora FGV, 2008.
    108 p.

    Inclui bibliografia.

    1. Administração de empresas. I. Fundação Getulio Vargas. II. Título.

CDD – 658.4

Para minha avó
Maria Hortencia de Abreu Sodré
(1886-1968)

Sumário

AGRADECIMENTOS 9

PREFÁCIO 11

INTRODUÇÃO 15

1 NOVIDADES DESTE INÍCIO DE SÉCULO 25

Primeira: a "economia da criatividade" 25

Segunda: a tecnologia da informação e
comunicação (TIC) 27

Terceira: mais complexa a governança corporativa e mais
simples a organização empresarial 29

2 A ORGANIZAÇÃO EMPRESARIAL COMO
"ANIMAL COLETIVO" 31

A organização empresarial como um sistema
automodelante 33

A organização empresarial como entidade viva; esquemas
cognitivos 36

A linguagem própria da organização empresarial 40

Interesses individuais e organização empresarial:
inovações 42

A inovação como "transgressão" lingüística 45

Os ambientes com os quais a organização empresarial
interage 48

3   O PROCESSO DE COGNIÇÃO-CONHECIMENTO-RESPOSTA   **61**

A tecnologia e o conhecimento como geradores de vantagens
competitivas 63

A tecnologia tem a sua história, que pode ser dividida em três
momentos 64

O conhecimento, hoje   66

Iletramento funcional: doença que afeta os fluxos de
conhecimento   69

Iletramento funcional como barreira para os fluxos de
conhecimento e para o desenvolvimento social   71

A hierarquia não serve ao processo de
cognição-conhecimento-resposta   75

Operadores do conhecimento   77

Criatividade e "inter e transdisciplinaridade"   78

4   A ORGANIZAÇÃO ANDRÓIDE   **81**

Ativos e passivos   82

Da modelagem para a automodelagem: dinos e andros 87

Os planos e o hábitat percebido   90

O inesperado (*unexpected*) e a atentividade
(*mindfulness*) 92

Um modelo de organização andróide   95

A automodelagem é focada no produto/lucro   96

Premissas ambientais de suporte ao *business plan* 97

O CEO na andro   98

CONCLUSÃO **101**

REFERÊNCIAS BIBLIOGRÁFICAS   **103**

Agradecimentos

Este livro corresponde ao desenvolvimento dos *insights* que o professor Bianor Scelza Cavalcanti me proporcionou com a tese em que obteve, com louvor, o título de PhD pelo Virginia Polytechnic Institute and State University (Cavalcanti, 2005).

Bianor Cavalcanti me deu o poderoso conceito de "equalização", que desenvolvi para a organização empresarial, e renovou meu acesso a Karl Weick, exatamente quando eu estudava a biologia da cognição de Humberto Maturana e Francisco Varela. A leitura dos quatro autores, além de Jean Piaget, foi uma rica experiência e resultou na formulação básica deste livro. Agradeço ao Bianor.

Sou grato ao meu amigo, o professor Luiz Estevam Lopes Gonçalves, por todas as nossas conversas e pelas indicações de livros e artigos. Luiz é ao mesmo tempo generoso e talentoso. Faço ainda registro do meu débito com o professor Roberto Camanho, da ESPM/SP, que me fez confiar no caminho investigativo iniciado com meu livro de 2003. Muito obrigado, Roberto.

Sou grato ainda, mas não por último, à minha mulher, Lilian. Aceitou, de bom grado, as minhas ausências e me deu todo o apoio. Um beijo de seu marido e amigo dos últimos 30 anos.

Prefácio

Pela segunda vez — a primeira foi em 2003 —, Gilberto de Abreu Sodré Carvalho me convida para prefaciar. Novamente, com prazer, aceitei mais esta incumbência de colega, amigo e leitor, em 2006, ano em que Gilberto e eu celebramos nossos 35 anos de graduação pela Ebape, que tenho a honra de dirigir.

Neste livro, ele dirige sua atenção pontualmente ao *conhecimento* na organização empresarial, entendendo-o como o motor dos processos, a própria matéria básica de que é feita a organização e o seu propósito de existir. Trata-se de uma metáfora de impacto, nos moldes de Garreth Morgan, em *Imagens da organização*. A asserção seminal é: *a organização empresarial é conhecimento*.

A organização empresarial seria um "animal coletivo", isto é, um sistema social fechado processador de conhecimento, desde as percepções cognitivas dos ambientes interno e externo até as respostas na forma de decisões e ações. Essas respostas são dimensões de conhecimento aplicado, de acordo com a lógica do modelo. Trata-se de aproveitamento do conceito de "autopoiese" dos seres vivos, da obra dos biólogos chilenos Humberto Maturana e Francisco Varela.

Tal entendimento faz com que se possa visualizar, como mostra Gilberto, a evolução histórica da modelagem organizacional tendo por critério a qualidade, a intensidade e a autopercepção dos processos e manifestações do conhecimento na organização. Chega-se, por fim, opondo-se didaticamente características marcantes, a uma comparação entre a organização do passado e ainda contemporânea (a *organização dinossauro*), de um lado, e aquela já do presente e mais ainda do futuro: a *organização andróide*. A inspiração para a *organização andróide* é obtida em Karl Weick e Kathleen Sutcliffe (2001).

A argumentação, no mais, está sustentada em original e consistente aproveitamento dos *insights* de variados autores, como Jean Piaget, Geoffrey Vickers, Thomas Kuhn, Antonio Damásio, Garreth Morgan e Edward De Bono, entre outros, inclusive os deste prefaciador quanto ao gestor como equalizador de significações (Cavalcanti, 2005).

Neste ponto, ao escrever, penso sobre o valor dos ensaios que buscam novas formas de olhar e de, em seguida, influenciar os projetos de modelagem organizacional em curso e até mesmo questionar os paradigmas científicos assentados. O comum nesses trabalhos é o uso de contributos de outras disciplinas acadêmicas, como a biologia e a psicologia social, como se vê neste livro do Gilberto.

Pergunto: seria isso bom para a teoria das organizações? Não seria mais sensato (ou científico) que se encontrasse no arsenal de conceitos e princípios consagrados de administração a metodologia para descrever a realidade e prescrever mudanças para a prática da gestão?

Essa é uma discussão antiga, mas que sempre me volta à mente. Ocorre que, como diretor da Ebape/FGV, tenho responsabilidade na construção dos currículos acadêmicos. Isso significa definir o que cumpre ao futuro administrador saber e no que deve desenvolver sua capacitação crítica para tornar-se um profissional destacado e uma vantagem competitiva para sua organização empregadora.

Respondo: a teoria das organizações, no seu sentido mais amplo, deve absorver, com cuidado, novas perspectivas e angulações diferentes, inclusive quando corresponderem a modelos teóricos obtidos em outras áreas da ciência, que sejam operacionais para o entendimento da realidade em constante transformação. Isso tem acontecido ao longo da história do pensamento administrativo. Se os gestores de entidades de ensino e pesquisa não pensarem desse modo, a academia se perderá no passado. Correm então o risco de ensinar, aprender e pesquisar o superado; pior: o que pode não trazer diferença competitiva, caso o aluno busque o mercado de trabalho, para se empregar, caso busque ser empreendedor. Perceba-se que, estrategicamente, são a organização empresarial, a organização não-governamental e a administração pública brasileira os nossos clientes finais.

Recomendo este livro como leitura e objeto de discussão. O impactante enfoque metafórico desta obra será proveitoso para o debate científico e para ampliar o criticismo dos profissionais nas suas intervenções no campo da modelagem organizacional e da gestão.

Bianor Scelza Cavalcanti
Diretor da Ebape/FGV

Introdução

Este livro explora a organização que se pode chamar de *andróide*, uma vez que reproduz de algum modo o ser humano. É para a leitura de gestores empresariais e consultores em *management*. Trata-se tanto de uma obra descritiva como prescritiva quanto ao que as empresas têm feito e lhes cabe fazer para sobreviver e se tornarem mais fortes na "economia da criatividade" dos nossos dias, ou seja, aquela que impõe a criatividade para a inovação.

A organização empresarial contemporânea pode ser vista como um "animal" construído socialmente, ou seja, um "animal coletivo", uma vez que composto por indivíduos em associação. Tal animal social processa ininterruptamente conhecimento a partir de conhecimento para sua afirmação e sua sobrevida em segurança, no que se inclui ser criativo para inovar.

A organização empresarial de alto padrão de desempenho, a qual chamamos *andro*, é plena e intencionalmente processadora de cognição. Nela, a qualidade e o *timing* entre a cognição ambiental e as respostas ao ambiente são semelhantes aos de um ser humano de alta performance quanto à sensibilidade e imunologia, quanto ao julgamento sábio e em tempo e quanto às condições orgânicas, sistêmicas e motoras. As novidades desse início de século determinam a existência e prevalência das *andros*.

16   A organização andróide

Hoje, estão fora de tempestividade histórica as organizações empresariais que se assemelham aos grandes e obtusos dinossauros mitológicos, não por certo os rápidos seres de Steven Spielberg em *Jurassic Park*. Os dinossauros deste livro são lerdos e estúpidos nos seus longos tempos de resposta ou reação. São as organizações dinossauro, ou *dinos*, simplesmente. Elas são confusas e arrogantes; anacrônicas e remotas criaturas do século XX. Nas *dinos*, a sensibilidade é pequena, os julgamentos são simplórios, as condições sistêmicas são de pouca interatividade. As *dinos* são pesadas e lerdas, como os enormes dinossauros da imaginação dos mais velhos. Nada a ver com a versão dos dinossauros no cinema, em que motricidade e esperteza são prestigiadas.

Só as *andros* — com sua automodelagem incessante e oportunística — têm sentido nos dias correntes. Este livro apresenta as *andros*, como estágio atual da evolução das organizações empresariais, e contribui para que os gestores e *practitioners* em geral possam apressar, em suas organizações dinossauro, a transformação devida.

O leitor, em seguida, perguntará sobre a existência efetiva, hoje, de *andros*, em sua plenitude. Respondemos que elas ainda não existem em completude. No entanto, os seus genes já estão firmemente instalados em organizações específicas, como nas *high-reliability organizations* de Weick e Sutcliffe (2001): usinas nucleares, porta-aviões, equipes de combate a incêndios em florestas, unidades hospitalares de tratamento intensivo. Ou ainda, em nossa observação, nas empresas de criação de produtos e *design*, escritórios e consultorias globais de investimento financeiro, esquadrilhas de aviões de caça em missões de combate, unidades de novos produtos/serviços em bancos comerciais, equipes de escritores e de direção/produção e atores de novelas diárias da televisão brasileira, departamentos de criação de agências de publicidade, equipes de esportes coletivos de alta performance durante os jogos, departamentos de marketing e de pesquisa e desenvolvimento de empresas em mercados sensíveis e competitivos. A oportunidade deste livro para os profissionais de administração está no fato de que as *andros* ainda não são o padrão. E assim seu estudo pode ser imediatamente útil.

A noção de automodelagem (*self-organizing*) que usamos não corresponde aos procedimentos organizativos exclusiva e caracterizadamente de "baixo para cima" (*bottom-up*) da automodelagem de certas entidades, como tratado, por exemplo, por Johnson (2002). As organizações empresariais ainda mostram, no início do século XXI, uma poderosa interação de "cima para baixo" (*top-down*) decorrente da legislação a atender e da ação controladora da governança corporativa. Daí a grande importância dos *Chief Executive Officers* (CEOs) na equalização das respostas às interações ambientais, que são tanto *top-down* quanto *bottom-up*.[1]

As *andros*, que identificamos neste livro, apresentam relações hierárquicas. Ocorre apenas de, nesse tipo de organização, a razão de ser da hierarquia estar na garantia da geração contínua de conhecimento para respostas.

A relevância do conhecimento tem sido tão grande que podemos dizer que as empresas, de um modo ou de outro, sejam "motorizadas" por conhecimento. Desde as *dinos* até as novíssimas *andros*.

As organizações empresariais no geral — a par de serem divididas em nossa radical e provocativa dicotomia *dinos* e *andros* — são essencialmente processadoras de conheci-

---

[1] Ver sobre "equalização" em Cavalcanti (2005).

mento, visto não só como *output*, mas também como processo e *input*. O conhecimento é a matéria ou, mais abstratamente, a dimensão ingressada, processada e a resultante. A atividade de cognição, ou seja, de percepção do ambiente, dirigida à formação de conhecimento e, por fim, a ações de adaptação e sobrevivência, chamadas *respostas*, é o procedimento fundamental de todos os seres vivos, como em Maturana e Varela (2002), inclusive do ser humano.

Edward de Bono (1991), no entanto, nos demonstra como os seres humanos têm evitado prestigiar suas percepções como tais, dando valor ao raciocínio lógico helenista ou cartesiano para conhecer e responder sobre uma base de conhecimento já arrecadado, como que posto objetivamente sobre o tampo de uma mesa. Temos deixado de lado a nossa capacitação para produzir conhecimento a partir da percepção.

As organizações empresariais têm no perceber, no conhecer e no responder sua atividade fundamental. A dimensão social, mediante a conectividade proporcionada pela linguagem, substitui a bioquímica e a neurobiologia dos animais individuais.

Observa-se na organização empresarial contemporânea que o perceber, o conhecer e o responder pela "lógica das percepções" (em que se escrutina o percebido para eventual outra cognição) é mais útil à adaptação e à sobrevivência virtuosa nos atuais dias agitados que o conhecer e responder pela "lógica da razão". Essa última, assentada numa dada premissa cognitiva prévia, é boa para os tempos parados, quando o futuro ficava aguardando e chegava aos poucos. Ou ainda para os tempos de expansão formidável, mas sem resistências, como os do capitalismo da Renascença até o terceiro quartel do século passado. No nosso uso de metáforas, a ligação preponderante da organização empresarial com a "lógica das percepções" é uma característica *andro*. A atenção para a "lógica da razão" é um componente *dino*.

Ao vermos conhecimento em tudo, percebemos os *ativos* (no sentido de bens de produção) como conhecimento estabilizado. Dizemos "estabilizado" na medida em que os ativos e também os produtos e serviços postos em mercado são resultado de conhecimento, ou seja, de tecnologia (Wikström e Normann, 1993).

Com a tecnologia, tem-se um acúmulo articulado de informações práticas, com embasamento científico, que servem para um propósito econômico. Os procedimentos de *engenharia reversa*, tão usuais, são a demonstração clara de que qualquer objeto, mesmo que seja um conceito abstrato, pode ser visto como conhecimento. Decompondo-se e analisando-se o objeto, descobre-se o que ele contém de conhecimento construtivo.

Sob o conceito "fluxos de conhecimento", observamos a dinâmica do conhecimento dentro da organização empresarial. O processamento da cognição se dá a partir da interpretação, ou seja, construção de significação, de signos extraídos das interações que a organização empresarial pratica com os ambientes. A isso se segue a construção de sentido contextual (*sensemaking*) para essas significações analíticas. As interações a que nos referimos correspondem às relações entre o *sujeito* e o seu *meio*, as quais por sua natureza são radicalmente interativas.[2] Disso tudo resulta conhecimento útil para respostas em meio

---

[2] Essa idéia de "interação" cognitiva está seminalmente em Piaget (1987). No campo da biologia, essa concepção está, de origem, pensamos, em Maturana e Varela (2002), com o nome de acoplamento (*coupling*). Curioso é que Piaget teve formação básica em zoologia.

ao processo social[3] entre o CEO, gerentes e colaboradores especialistas, os quais (a todos) denominamos *operadores do conhecimento*.[4] O conhecimento aplicado é aqui chamado de *resposta*. Chamamos de *sensemaking* o momento intermediário, entre a formação de significações e a resposta, nomeado por Choo (1998), por exemplo, como *criação de conhecimento (knowledge creation)*.[5] O *sensemaking* se dá, para nós, no fluxo de conhecimento, o qual é feito socialmente mediante linguagem (a qual estabelece conforme for, maior ou menor conectividade e efetividade) pelos e entre os operadores do conhecimento.

Ponto relevante é o de que o *sensemaking* se dá *em retrospecto* (Weick, 1995b), isto é, pela interpretação do ocorrido. Nesse processo de busca de explicação pode-se chegar a sentidos que sejam entre si vagos ou equívocos. Nesse ponto ou nesse quadro, mais de um *sensemaking* pode se manifestar, igualmente "sensatos" ou um ou outro fora do padrão ou "criativo". É nesse momento de indagação que se pode estar frente a uma alternativa de *sensemaking* que pareça absurda, a qual possa ser uma oportunidade para inovação. Perceba-se que a criatividade é resultado da interpretação de fatos, conceitos, idéias etc. a partir de um exercício de *reinterpretação* no uso da ótica das percepções (De Bono, 1991).

---

[3] A idéia de que o conhecimento dentro da organização empresarial ou outra qualquer é um processo social, mediante linguagem, é encontrada, remotamente, em Vygotsky (1980). Choo (1998) cita como sucessores do psicólogo soviético Lev Vygotsky, nesta linha de pesquisa (conhecimento organizacional como atividade social), Yrjo Engeström e Frank Blackler.

[4] A nossa expressão *operador do conhecimento* tem o sentido de *knowledge worker* em Drucker (1993).

[5] Weick (1995b e 2001) desenvolve o tema *sensemaking*.

O processo de cognição-conhecimento-resposta acontece desde a cognição (percepção das significações das interações ambientais) até a resposta, e é retomado com base na cognição sobre a mesma resposta, em um processo permanentemente renovado. Há na organização empresarial variados fluxos de conhecimento (cognição-conhecimento-resposta). Quanto mais *andro* ela for, maior o número e a sua visibilidade para um observador. As exigências de produção e de aplicação do conhecimento modelam a organização empresarial como fluxos vitais, que são fluxos de conhecimento. Eles apresentam-se dentro da organização empresarial em processos aparentemente autônomos ou de antemão relacionados a outros processos. Interceptam-se usualmente. Exercem influência recíproca, uns aos outros. Parecem extintos, mas logo retomam vida, estimulados por outro fluxo. Algumas vezes, uns fluem vagarosamente. Outros mais rapidamente. Absorvem-se ou canibalizam-se uns aos outros, no desejo de uma resposta mais ampla. Outras vezes, decompõem-se em novos fluxos, em benefício da sensatez ou da preguiça. Quando novas interações ambientais surgem, o que é ininterrupto, oportunizam signos, interpretações e a formação de novos fluxos. Os fluxos de conhecimento espocam em todo canto e terminam a todo tempo e lugar na organização empresarial. Nem todos terminam em respostas, assim definíveis. A maior parte se perde no processo, pelas tantas razões referidas.

Tanto as *dinos* como as *andros* apresentam fluxos de conhecimento. A diferença entre os dois tipos de organização empresarial está na qualidade e *timing* desses fluxos em direção a respostas, bem como na atenção quanto à cognição do ambiente e na intensidade das fricções sistêmicas entre os elementos dos fluxos, o que determina uma menor ou maior transformação adaptativa.

Weick (1979), revivendo a visão sistêmica de Vickers (1967),[6] nos proporcionou o embasamento para entender a organização empresarial como fluxos de conhecimento. Quando Weick (1979:42) fala de *streams*, podemos imaginar fluxos de conhecimento.

Streams can be a useful metaphor to portray the continuous flux associated with organizations, but there are some subtleties in this image. A stream might be visualized as a single homogenous viscous flow that moves at a constant rate. Such a visualization is unduly limiting as a portrait of organizational processes, and a more appropriate image would be that of multiple, heterogenous flows of diverse viscosity moving at variable rates. If you can visualize something moving between two points, and then visualize the points also moving, that's what flows in organizations are like.

A organização empresarial contemporânea, em especial a *andro*, está em permanente processo de automodelagem pelo conhecimento e pela necessidade contínua de produzir conhecimento e buscar criatividade para inovações. À medida que uma organização empresarial mais automodelar-se pelo conhecimento e para o conhecimento, mais capaz estará de sobreviver e de dar a seus investidores crescente retorno financeiro; mais será criativa.

As organizações empresariais se automodelam pela sua necessidade de produzir conhecimento para respostas ao *seu* mundo. Esse mundo é o ambiente que a organização empresarial definiu para si e que incorporou ao seu sistema vital. Trata-se do seu hábitat percebido.

No entanto, essa característica de projeção de um mundo próprio (semelhante ao que fazem os animais) leva à menor percepção de ameaças e à perda de oportunidades, uma vez que o hábitat real apresenta mutações incessantes, mui-

---

[6] Sir (Charles) Geoffrey Vickers, nascido em 1894 e falecido em 1982.

tas vezes despercebidas. É importante que a organização empresarial do século XXI, o tempo da concorrência acirrada e global, pratique procedimentos cognitivos com relação ao *inesperado* (Weick e Sutcliffe, 2001). Desse modo, as *andros*, desenvolvendo sua cognição para o mundo real, criarão as condições de transformarem-se para não sucumbir.

Como se pode ver, este livro apresentará, para uns e outros, esta ou aquela heresia, em vista do uso deliberado da dimensão conhecimento para tudo explicar. A nossa defesa está em que a transposição dos critérios de análise dos seres vivos para as organizações tem sido usada há tempos.[7] Articula-se com outras teorias de suporte, tendo-se em conta as implicações do ser humano como ser social: a cultura, a semiótica e as teorias da comunicação.

A semiótica, o estudo dos signos e dos sistemas de signos, é de excepcional valia para dois propósitos. Primeiro: contextualiza cientificamente a expressão "significações", que tanto usamos. Segundo: é útil para o entendimento de iletramento funcional, isto é, da doença que bloqueia ou dificulta os fluxos de conhecimento nas organizações empresariais. Não nos esqueçamos de que os fluxos de conhecimento são sociais e, por isso, também processos lingüísticos ou existentes por meio da linguagem, como técnica para a conectividade.

O propósito é o de mostrar que o conhecimento ou, mais exatamente, o processo de cognição-conhecimento-resposta é a dimensão adequada para entender-se a organização

---

[7] A tese de Maturana e Varela (2002) serviu para as ciências sociais em geral, como em Luhmann (1996) e Mingers (1995). Na teoria das organizações, como em Krogh e Roos (1995). No direito, em Teubner (1993). Em uma visão mais convencional, De Geus (2002) entende que as organizações centenárias, que experimentaram dificuldades em vários momentos e as superaram, são *living companies*.

empresarial, servindo inclusive para acompanhar sua evolução no tempo: das *dinos* às *andros*.

O leitor deve usar este livro ativamente. Cabe a ele relacionar o que é dito com sua experiência como profissional ou como consultor. Exemplos de cognição-conhecimento-resposta dentro de organizações surgirão a todo tempo na sua mente.

1

Novidades deste início de século

Na era contemporânea e mais agora, no século XXI, os paradigmas têm mudado, a se contar dos tempos das grandes corporações da primeira metade do século XX.[8] Há, atualmente, três novidades que condicionam a modelagem organizacional em direção à *andro*.

Primeira: a "economia da criatividade"

Tem havido frenética renovação de produtos, com novas variações, e cada vez mais rapidamente surgindo outras para a satisfação das necessidades-desejos que se vão identificando, ou se estimulando nos compradores para a formação de novos mercados. Tem-se procurado saber quais são as variações que estão sendo concebidas, processadas e entregues por concorrentes; quais novos produtos estão sendo desenvolvidos ou pesquisados; quais as necessidades-desejos insatisfeitas dos compradores quanto a produtos já em mercado; quais as necessidades-desejos que podem ser satisfeitas com diferenciações.

Mesmo as *commodities* e os produtos de massa para os segmentos compradores de menor renda diferenciam-se em

---

[8] Sobre essas mudanças, parecem pontualmente interessantes por concentrarem pontos relevantes para nós : Kotler (2000); McDonald et al. (2001); Porter (1989); Nonaka e Hirotaka (1997); e Boulton et al. (2001).

26 A organização andróide

algum aspecto, como nas condições de entrega e no preço, na qualidade, na adição de valor como a pré-classificação, na armazenagem, no transporte etc., criando-se valor diferenciado.

Isso tudo, no entanto, é assunto velho. A novidade que está tomando lugar é a de que a *criatividade* como geradora de inovação está substituindo o mero conhecimento. Hoje, pensamos em *conhecimento competitivo*, o conhecimento que aporta criatividade geradora de inovações em tecnologia, em processos e em produtos e serviços.

A criatividade surge da reinterpretação da "realidade".

No mundo competitivo da tecnologia e dos negócios, não existe lugar para a idéia de uma só e imutável possibilidade de interpretar-se alguma coisa. Como se pode ler em Kuhn (2003), o conhecimento pode ser visto como uma versão (ou interpretação) da realidade. Essa argumentação serve para explicar-se como a criatividade é resultado de um exercício de interpretação fora do que até então parecia evidente. Criatividade na organização empresarial parece ser baseada no princípio de que *versões* substituem a *verdade*. Verdade, aqui, se entendendo *a conformidade com uma única percepção da realidade*.

As pessoas por todo o mundo estão tentando reinventar coisas (tecnologia, processos, produtos e serviços) pela técnica de se reorganizar e reinterpretar o conhecimento que se tem sobre esses mesmos objetos. Esse trabalho é feito pela produção de nova cognição sobre a realidade como até então conhecida. Ocorre de se obterem novas possibilidades de interpretação: novas versões. Isto é, mais de uma possível percepção da realidade.

Quando alguém tem uma nova interpretação da realidade gera uma seqüência de desdobramentos. É aí que o processo de inovação acontece. Criatividade é a percepção de novas e consistentes interpretações da realidade. A palavra criatividade sugere a idéia da concepção de algo sem passado, uma criação. Os humanos, no entanto, não criam a realidade. Eles podem criar novo conhecimento sobre a realidade. Se for consistente, operativa e útil, tal nova interpretação terá um papel bem aceito na sociedade humana.

Segunda: a tecnologia da informação e comunicação (TIC)

Kotler (2000:33) define *valor* como a diferença entre o que o comprador recebe e o que ele dá. O valor é a diferença entre os benefícios práticos (objetivos) e emocionais (subjetivos) que o comprador possa extrair e o preço que o comprador terá de pagar, o gasto de tempo e de esforço para a fruição e os custos psicológicos da escolha feita em lugar de outra possível. Para a organização empresarial, valor é igual a lucro. Isto é, quanto maior for a diferença entre a receita que se obtém pelo total vendido e os seus custos e despesas de concepção, processo e entrega, maior será o lucro; ou seja, o valor.

A idéia de *cadeia de valor* surge com Porter (1989), sendo suas idéias do final dos anos 1970. Cadeia de valor significa que a concepção dos produtos, o seu processo e a sua entrega aos compradores são subprocessos desenvolvidos com a maior atenção nos passivos e criação de valor, em garantia a que se tenha, no final, um valor maior possível a ser entregue ao comprador e, em contrapartida, lucro, ou seja, o valor buscado por quem vende. Maior valor poderá ser obtido por meio de novas integrações de ativos (ou mesmo invenções, criações etc.) tendo por resultado, no produto final, um significativo menor custo incorrido, ou diferenciação no produto que faça com que o comprador se disponha a pagar um preço alto. Nos dois casos, registra-se um valor maior para o comprador. Com o tempo, os concorrentes copiam ou tentam copiar. Até que isso ocorra, o que tiver tomado a iniciativa terá vantagem competitiva.

A idéia de valor tem-se tornado mais e mais operacional devido à atual tecnologia da informação e comunicação (TIC). Com o avanço da TIC, tornaram-se usuais os *sistemas integrados de informação*. Os *custos de transação* (Coase, 1988) caem cada vez mais em decorrência da TIC e da internet. Esse fato abre oportunidade para sistemas organizacionais integrados em que se congregam recursos, em superação das velhas regras de hierarquia e mercado. Dadas as condições de TIC e das exigências de busca de valor, passam a ser vistas, como escolhas possíveis de modelagem organizacional, as parcerias, as alianças, as *joint ventures* pontuais, as associações contratuais de todo o tipo, tudo de modo a se integrar ativos de um com os ativos de outros, inclusive de organizações não-governamentais e mesmo de governos.

A TIC também possibilitou a chamada *knowledge search*, em sentido amplo, ou seja, a busca, a armazenagem, a recuperação e a criação de conhecimento. As máquinas de *knowledge search* em conjunção com os operadores do conhecimento têm sido crescentemente usados para a cognição dos ambientes e nos fluxos de conhecimento.

A idéia de futuro tem a ver com a idéia de passado ou, mais exatamente, com a de uma certa interpretação do passado. Tudo o que você observa hoje é resultado de como você interpretou o passado. A mesma conclusão é aplicável ao futuro na medida em que se pode conceber o futuro por interpretações do presente. O presente é o passado mais próximo ou recente. A cognição dos ambientes para a produção de conhecimento e de respostas depende de monitorarem-se os ambientes, o que hoje só se concebe ser feito por meio de TIC.

Terceira: mais complexa a governança corporativa e mais simples a organização empresarial

Hoje, não cabe mais ver a *empresa* como instituição. A organização empresarial é o sistema, em incessante transformação, de ativos/passivos para o produto e o lucro. O fato de a organização empresarial ser impermanente e conjuntural afasta-a do conceito de instituição, na acepção corrente. Ela não é mais a expressão da vontade do dono, em ambiente certo e de poucas mudanças.

A expressão "empresa", vista com uma governança corporativa exclusiva sua, tem o componente de permanência e, assim, de instituição social. Dela é o máximo de evolução histórica a grande sociedade anônima, em que as necessidades-desejos dos compradores são diretamente manipuladas de modo a se apresentarem produtos que sejam convenientes, em termos industriais, de custos e de planejabilidade, isto é, que atendam a uma determinada cadeia de produção. É a típica organização empresarial da maior parte do século XX: ambientalmente arrogante.

Hoje, em contraste, afirma-se a necessidade de constante mudança da organização empresarial. Essa realidade toma o lugar da organização empresarial tradicional, a qual era modelada, principalmente, de fora para dentro, havendo todo o tempo possível para que se arquitetassem os seus procedimentos, processos e estruturas.

A economia dos dias atuais é uma rede de organizações empresariais projetadas especificamente para um máximo de qualidade na ordenação de ativos. Para tanto, muitas vezes, a governança corporativa deve ser complexa: parcerias societárias complicadas, associações contratuais, alianças, *joint ventures* e pactos entre fornecedor e comprador.[9] Em paradoxo, importará crescentemente a simplicidade em face de propósitos e elegância enxuta de *design* da organização empresarial submetida a tal governança complexa.

Em suma, a governança corporativa tende a ser mais complicada. Em contrapartida, a organização empresarial é cada vez mais simples. A nova organização empresarial substitui a velha organização *weberiana*.[10] As novas organizações empresariais são as "unidades de negócio", subsidiárias operativas, *joint ventures* para dado produto/lucro, parcerias *ad hoc* para encadeamento de valor etc.

O importante é a geração de valor, em superação das restrições postas pelas hierarquias e pelo mercado com seus *transaction costs*, como muito bem tratado por Ménard (2004), quando cuida do que chama "*the economics of the hybrid organizations*".

---

[9] Sobre a "intermodelagem" entre organizações empresariais em busca de entrega de mais "valor", ver entre outros: Champy (2003) e Womack e Jones (1996).

[10] Ver Weber (1992). As *organizações* caracterizam-se por suas estruturas burocráticas. A empresa dos séculos XIX e XX é uma organização burocrática. Nela, há sempre mais ou menos evidente o exercício de poder e autoridade de cima para baixo para atingir sua finalidade de produzir e distribuir. Pode-se também lembrar a empresa proposta por Fayol (1950).

2

A organização empresarial como "animal coletivo"

Em uma visão antropológica ou sociopsicológica da formação da linguagem, devemos remeter a pesquisa de Gordon Winant Hewes, nos anos 1970, e de Roger Fouts, em especial em Fouts e Mills (1998). A partir de nossa leitura desses autores e em Vygotsky (1980), podemos desenvolver as ponderações a seguir.

O gestual, ou seja, o uso do corpo para a comunicação, teria sido a base da formação da linguagem humana. Os nossos ancestrais comunicavam-se com as mãos à semelhança dos primos macacos. Mais ainda isso ocorreu quando se tornaram mais e mais bípedes, ou seja, quando suas mãos ficaram livres e buscaram ter um papel diferenciado quanto a uma utilidade particular.

Fato é que a linguagem gestual tornou-se crescentemente rica, sendo acompanhada interativamente do desenvolvimento da linguagem oral. Nesse quadro evolutivo, houve, ainda, articulada e simultaneamente, dois outros processos da multimilenar evolução humana: o da crescente capacitação artesanal das mãos, adestradas nos gestos, para fazer e usar ferramentas e utensílios, bem como a crescente capacitação de produzir sons que comunicassem as idéias mais complexas decorrentes da criação humana do seu mundo cultural, com ferramentas, utensílios etc. e, em especial, com a organização do trabalho social e da ação coletiva. Em conclusão, podemos

32 A organização andróide

dizer que o histórico da linguagem está interligado ao do trabalho em conjunto (*team work*) e da própria organização empresarial.

Pode-se dizer que os processos organizacionais entre os operadores do conhecimento são dimensões lingüísticas, no sentido de fundadas na linguagem, a qual aporta conectividade entre as pessoas. Sem linguagem não haveria organização empresarial, uma vez que os humanos dependem da linguagem para se organizar. Essa é uma velha verdade que deve ser lembrada.

A vida humana na sua dimensão social é preponderantemente sígnica e simbólica e, assim, fortemente lingüística. Pouco resta para o meramente biológico. É interessante registrar o conciso pensamento de Ludwig von Bertalanffy (2001:197) sobre a circunstância de a vida social ser especificamente simbólica, ou seja, semiótico-comunicacional ou, em nossos termos, lingüística.

> *Social science has to do with human beings in their self-created universe. The cultural universe is essentially a symbolic universe. (...) Man is surrounded by a universe of symbols. Starting from language which is the prerequisite of culture, to symbolic relationships with his fellows, social status, laws, science, art, morals, religion and innumerable other things. Human behavior, except for the basic aspects of the biological needs of hunger and sex, is governed by symbolic entities.*

Perceba-se que todos os símbolos se constroem socialmente e se comunicam por algum tipo de linguagem. O conhecimento é socializado, armazenado e "estabilizado" na forma de objetos, com o uso da linguagem. A boa qualidade dos fluxos de conhecimento depende da boa qualidade e efetividade da comunicação.

Os ambientes para serem entendidos pelos indivíduos e pelas organizações empresariais (como animais coletivos que

A organização empresarial como "animal coletivo"   33

são) são vistos como tendo uma representação sígnica (ou seja, por signos) ou simbólica. Tais signos aportam significações que se obtêm pela interpretação. Sem que houvesse algum consenso social sobre o significado de signos não haveria linguagem nem vida social como a conhecemos. Fato é que estamos sempre construindo significações para signos e extraindo sentido contextual sobre os mesmos e nos comunicando com os outros por meio de signos (palavras, números, gestos, histrionia, modo de vestir etc.).

Em vista de sua plataforma fundada em linguagem, a organização empresarial pode se interconectar com quaisquer mecanismos de *knowledge search* (*knowledge search engines*). Podemos, uma vez que isso é útil, construir o conceito de que os ambientes da organização empresarial são "conhecimento" e não diretamente "realidade". Podemos também dizer que o conhecimento é a "linguagem" da realidade. E assim dizer que só podemos acessar o outro e conectar com o outro sobre a realidade com o uso de linguagem.

A organização empresarial como um sistema automodelante

Para melhor entendermos a organização empresarial como um sistema processador de conhecimento, temos de percebê-la como sistema automodelante.[11] As duas dimensões remetem ao mesmo fenômeno. São faces de uma mesma moeda. Uma vez nascida a organização empresarial, a sua automodelagem é notável. A automodelagem da orga-

---

[11] Fazemos uso da expressão automodelagem (*self-organizing*) em uma acepção restrita. Não se trata, em absoluto, da acepção plena, como em Johnson (2002).

nização empresarial substitui a idéia de intervenções periódicas de modelagem organizacional a partir de fora.[12]

A idéia de a organização empresarial gerar sua própria modelagem (ou resistir às modelagens de fora) tem inspiração na tese de Maturana e Varela (2002), do início dos anos 1970: a autopoiese dos seres vivos. Examinando-se a natureza da vida dos animais, identifica-se que são sistemas que possuem função cognitiva confundível com a sua própria existência e individualidade. No âmbito especificamente humano, a dizer, no campo da psicologia, George Kelly[13] identifica a dimensão externa e social do ser humano — a personalidade — como existente nos processos subjetivos de cognição de cada individualidade. Em uma síntese voltada para os interesses desta exposição, a identidade do indivíduo está na sua consciência dos processos de construção pessoal da experiência, ou de construção de um mundo seu.

A vida é renovada pela cognição das interações ambientais, com a correspondente "criação" de um mundo em relação ao qual o sistema individual vivo se adapta mediante respostas às mesmas interações. Ou, melhor dizendo, mediante respostas às interpretações sobre as interações ocorridas, as quais ponham em crise, mínima que seja, o indivíduo e determinem a adaptação ou uma superação.

---

[12] É evidente que a modelagem organizacional é uma tecnologia válida para os momentos de criação de uma nova organização empresarial a partir de um modelo de negócio (*business plan*) novo. Ou ainda, quando do reprojeto de uma organização empresarial que esteja desintegrada por insucesso, ou em vias de desintegrar-se. Fora disso, a modelagem organizacional, como intervenção externa, tem limitações formidáveis. Depende de apoio interno poderoso para que possa ter efeito construtivo. Sem isso, a resistência interna à mudança imposta de fora será impeditiva de bons resultados.

[13] Kelly (1955). George Alexander Kelly tem sua teoria da personalidade denominada psicologia do construtivismo pessoal (*personal construct psychology*) influenciada pelo construtivismo de Jean Piaget.

A organização empresarial como "animal coletivo"   35

Nos animais em geral e no homem, percebem-se ações de cognição, ou seja, ações de encenar respostas para efeito de "testar" o ambiente de modo a entender o que é ambíguo e confuso.[14] Ações de cognição são respostas provisórias que buscam conhecer melhor a interação. Ação de cognição difere da cognição pura e simples, uma vez que é uma conduta deliberada para conhecer melhor, explorar ou sondar as possíveis significações que não estão claras. A cognição em si é comportamento diuturno, ininterrupto, corresponde a viver.

Na teoria dos sistemas abertos, a organização empresarial seria dirigida à mudança em vista da ação de um sistema abrangente. Pensamos de outro modo. Em nosso entendimento as funções evolutivas estão dentro da organização empresarial. Não existem relações causais ou de *input-output*. Existe, sim, a escolha por uma adaptação, uma vez que pode existir mais de uma possibilidade de adaptação. Em outras palavras, o ambiente interno da organização empresarial (ver, a seguir, o conceito de *ambiente dos recursos internos*) não se altera por força de uma causa externa, mas sim se modifica em vista da sua cognição sobre as interações com os elementos dos ambientes e as respostas que dê em adaptação aos desequilíbrios percebidos.

Os ambientes podem "sugerir" adaptações mas não as determinam. A adaptação evolucionária acontece *na* organização empresarial como um sistema automodelante. Para melhor entender esse ponto, o leitor deve se colocar *dentro* da organização empresarial, como o seu CEO ou outro operador do conhecimento e assim ter uma visão de dentro para fora.

A evolução adaptativa da organização empresarial está mais ligada à manutenção da sua própria identidade pela sua

---

[14] Ações de cognição correspondem a *enactment*, como tratado por Weick (1979).

capacitação para automodelar-se que a se submeter a causas externas. Em suma: a organização empresarial, como sistema automodelante, se assim a vermos, adapta-se evolucionariamente sempre mediante respostas que dirige ao seu interior sistêmico, ou seja, a seu ambiente interno (Roth, 1982).

A organização empresarial como entidade viva; esquemas cognitivos

A organização empresarial é um animal coletivo feito de gente em interação com coisas em direção a um propósito definido. Os elementos não-humanos da organização empresarial (os ativos/passivos e o produto/lucro) são também dimensões de seu organismo.

A organização empresarial pode e deve ser vista de dentro para dentro; e de dentro para o seu ambiente, o qual faz ou cria, no seu propósito de proceder à troca econômica do produto pelo lucro; ou de nutrir-se. Devemos deixar de lado a versão de que a organização empresarial é invento humano com propósitos específicos. Podemos vê-la como existindo para viver ou manter sua dinâmica de sobrevivência, como um animal coletivo. A organização empresarial é um sistema que conhece para viver. Ou seja, é em si um sistema cognoscente, cuja vida é perceber e processar conhecimento sobre o ambiente para respostas às interações ambientais.

Tais processos cognitivos, em imitação aos animais individuais como se tem em Damásio (2001:15-18, 280-282),[15] não têm uma sede única (o cérebro), mas espalham-se por todo o organismo. A neurobiologia ensina sobre a geração, no corpo, do processo cognitivo, bem como da integração

---

[15] Damásio (2000) também fala sobre o tema.

das emoções como informadoras do pensamento, da consciência e da razão. Diz Damásio:

> Os sentimentos, juntamente com as emoções que os originam, não são um luxo. Servem de guias internos e ajudam-nos a comunicar aos outros sinais que também os podem guiar. E os sentimentos não são nem intangíveis nem ilusórios. Ao contrário da opinião científica tradicional, são precisamente tão cognitivos como qualquer outra percepção. (...) Se não fosse a possibilidade de sentir os estados do corpo, que estão inerentemente destinados a ser dolorosos ou aprazíveis, não haveria sofrimento ou felicidade, desejo ou misericórdia, tragédia ou glória na condição humana.

Assemelha-se a isso a atividade cognitiva da organização empresarial. Nessa, os indivíduos espalham-se por todo o tecido da organização e interagem com o CEO. Todos atentos na cognição do ambiente, em que as emoções e os sentimentos dos operadores do conhecimento têm papel fundamental para a identificação de significações das interações com os elementos dos ambientes. As emoções são notavelmente úteis. Sem elas as organizações empresariais não sentiriam medo, coragem, dor, prazer, desejo ou sensação de sucesso. Na organização empresarial as pessoas estão por todo lado; trata-se de um animal coletivo. Os sentimentos e emoções desses operadores do conhecimento têm um papel formidável na interpretação e extração de significações das interações ambientais. De conformidade com uma emoção, uma interação pode ser percebida como uma ameaça ou como uma oportunidade. Algo pode ser visto como relevante ou sem importância.

Uma vez que se entenda a organização empresarial como um sistema fundamentalmente cognitivo ou de ações de cognição e como um sistema lingüístico, temos que a organização empresarial extrai significados de signos, como estu-

38 A organização andróide

dado em semiótica, e se comunica como se tem nas teorias da comunicação.

O processo responsivo tanto no sentido do cumprimento do que tenha sido decidido, quanto no sentido de volta (*feedback*) é semiótico-comunicacional ou lingüístico. A vagueza ou ambigüidade maior ou menor das respostas, como comunicação, e das significações ambientais na estimulação do processo de cognição estão no centro da automodelagem a partir do *sensemaking*.[16] O *sensemaking* praticado sobre as significações (as novas ou as que apresentam ambigüidade com outras) não prejudica a idéia de fluxos de conhecimento. O *sensemaking* pode ser observado como rodamoinhos que transitoriamente se formam, em movimentos de idas e vindas, até que o fluxo de conhecimento pertinente tenha seu curso retomado em direção a alguma resposta.

No plano específico de cada humano perante outros humanos e o ambiente em geral, tem-se *esquemas cognitivos*, na forma tratada, entre outros, por Cohen (1981) e Markus (1977), e antes por Kelly (1955) influenciado pela obra seminal de Jean Piaget.

Tais esquemas cognitivos são mapas mentais que individualmente usamos para organizar e simplificar o mundo conforme o criamos ao nosso redor e para nossos efeitos de agir, pensar, assumir, querer, afastar, gostar e tudo o mais. Os esquemas cognitivos determinam o que notamos, como extraímos significações dos signos, e como agimos e formulamos opiniões e decisões, ou respostas.

---

[16] Não queremos discutir semiologia ou semiótica, ou distinguir os campos da semiologia, da semiótica, da teoria da informação, da teoria da comunicação (ou teorias), da lingüística, cibernética etc. Sobre o vasto assunto: Peirce (2003), o filósofo norte-americano formulador e grande teórico da semiótica; Saussure (1969), o formulador da semiologia; e Eco (2003), sempre uma referência.

A relação entre uma dada forma de conhecer e a resposta correspondente tende a ser algo repetitivo: um padrão de resposta. Como resultado da interação de esquemas cognitivos *entre* indivíduos e da necessidade de superação social de padrões apenas individuais vai-se ter um mapa resultante que será o esquema cognitivo de um dado grupo social e assim padrões sociais de resposta.

Os esquemas cognitivos coletivos, em especial, ocorrem na organização empresarial. Essas se organizam para um fim preestabelecido (a relação produto/lucro) e os indivíduos necessitam de referências para argumentar, isto é, apresentar fatos, fazer contrastes e encaminhar idéias em atenção àquele fim.

Não cabe, aqui, enfrentarmos discussão sociológica sobre como e por que se formata esse corpo de significações que passa a ser o esquema cognitivo coletivo. O fato importante é que esse mapa partilhado seja reconhecido como existente e que se perceba que ele dá meios para a comunicação entre os indivíduos e para a coesão grupal.

Em outras palavras, o indivíduo tem seus mecanismos de cognição dotados de capacitação para representações imagéticas e de raciocínio abstrato. O ser humano em situação social, em especial em situação de trabalho — quando a produção de algo impõe o entendimento entre os envolvidos —, transforma sua cognição e conhecimento em cognição e conhecimento partilhado com os outros membros de sua equipe. É assim a necessidade de comunicação que constrói a realidade ambiental como socialmente inteligível, sempre referida por signos e sistemas de signos que servem de repertório para a comunicação (Luhmann, 1996). A realidade ambiental, para ser socialmente inteligível, impõe a linguagem previamente. O indivíduo, no contexto da sociedade, torna-se uma dimensão social, uma vez que se comporta de acordo com a "realidade" socialmente editada e imposta.

O ser humano social está sujeito ao cumprimento de expectativas sociais quanto ao seu modo de perceber (conhecer) o seu ambiente, inclusive e muito curiosamente no plano da produção científica.[17] Conhece-o como uma "edição" social da realidade à qual se conforma. Os que não se conformam, em alguma extensão, são os loucos e os inovadores.

A linguagem própria da organização empresarial

De conformidade mais imediatamente com Teubner (1993), é preciso que se tenha um eixo temático para que se desenvolva uma linguagem (ou seja, com mais sofisticação, um sistema semiótico-comunicacional) da organização

---

[17] Ver Kuhn (2003) sobre paradigmas (como conjunto de princípios e teorias que fundamentam a sistematização do conhecimento e a solução de problemas de uma dada área científica) e superação dos paradigmas por outros em processo revolucionário. Kuhn (2003:240-241) demonstra o caráter subjetivo da cognição humana inclusive para efeito da produção científica. Thomas S. Kuhn entende que os estímulos (o que na linguagem deste livro são interações ou *couplings* ambientais) servem de alerta para que a atividade cognitiva seja acionada na forma de sensação e da consciência da sensação, ou ainda, como interpretação. A expressão interações (*couplings*) ambientais, ou seja, do sujeito com o ambiente, tem origem na biologia e não era de uso geral, que se saiba, nos anos 1960, quando Kuhn escreveu. Adaptando-se Kuhn à nossa linguagem, podemos dizer que interações ambientais diferentes podem produzir a mesma interpretação, que a mesma interação ambiental pode produzir interpretações diferentes e que as interpretações são, em alguma medida, orientadas pela educação. O mundo de cada um e os mundos coletivos são compostos pelos objetos de nossas interpretações, ou mesmo por nossas interpretações; não pelas interações ambientais em si. Como conseqüência, esses objetos não são os mesmos de indivíduo para indivíduo ou de grupo para grupo. No entanto, à medida que pertençamos ao mesmo grupo (ou organização) e compartilhemos a mesma língua, valores, educação, experiência e cultura, tenderemos a ter um mesmo mundo, isto é, os mesmos objetos e as mesmas interpretações.

empresarial. Se não existir uma temática própria não se terá uma linguagem da organização empresarial. Sem uma linguagem básica, não será possível o acoplamento de linguagem adicional relacionada ao novo, à mudança e à transformação, ou seja, à expressão da criatividade e à conseqüente inovação.

A linguagem é essencial na medida em que dá identidade à organização empresarial. Corresponde ao uso local de palavras de uso geral de modo a significar coisas e situações ligadas à organização empresarial e seus fluxos de conhecimento. Um repertório de signos e o seu uso social para comunicação correspondem a uma plataforma tanto para a inclusão quanto para a não-aceitação do novo. Do mesmo modo, determinará o que é matéria relevante para a automodelagem da organização empresarial. Criará as bases para a inclusão do novo.

Qual seria, então, a temática que tornaria a organização empresarial um sistema lingüístico distinto de todos os outros?

Parece-nos que a questão-tema que orienta a automodelagem da organização empresarial e em torno do qual a linguagem se constrói é a relação:

ativos/passivos vis-à-vis *produto/lucro*

Isto é, os fluxos de conhecimento existem para perceber, problematizar, definir, dar resposta, modelar, discutir, partilhar, descartar, retificar, alterar e incluir (e os mais verbos que houver) significações e praticar comunicação, tendo por referência a temática *ativos*, em si e entre si, e desses com os correspondentes *passivos* (obrigações, dívidas, custos etc.), em si e entre si, bem como do *produto*, sua concepção, processo e entrega em relação à expectativa de *lucro* ou ao lucro ou prejuízo já acontecido.

A inclusão de signos do ambiente a esse sistema lingüístico se dará pela necessidade de lidar-se intensamente com o ambiente para respostas.

Pode-se perceber a necessidade operacional de uma *gramática* que normatize a linguagem praticada na organização empresarial. Gramática como mecanismo de ordenamento ou de regras a serem seguidas, uma vez que consensualmente validadas (Weick, 1979:3). Tais regras determinariam como as expectativas dos operadores do conhecimento entre si e dentro da organização empresarial devam resultar lingüisticamente em ricos e efetivos fluxos de conhecimento. Voltaremos a esse ponto, no final deste livro, com as *quatro regras da gramática andróide*.

Interesses individuais e organização empresarial: inovações

Haveria diferença entre os dois tipos de sistema (o individual e o empresarial) quanto ao processamento do conhecimento? Sim; o que parece evidente pelo que já se expôs. A diferença entre um e outro sistema vai estar no fato da coexistência, dentro da organização empresarial, de indivíduos, cada qual com sua particularidade de conhecer e agir, ou seja, de viver e de sobreviver. Eles criam, assim, distúrbios, perturbações e barreiras ao mais adequado processo de respostas às interações ambientais com a organização empresarial. O ser humano, egocêntrico, manifesta-se por escolhas e decisões que lhe sirvam para viver melhor e sobreviver, dentro de suas avaliações individuais.

Morgan (2002) demonstra a importância desse ponto, quando cuida da "metáfora da política" no estudo das organizações. A organização empresarial é cenário de disputas pelo poder. Os interesses pessoais disputam espaço com as competências a desenvolver em benefício da organização empresarial. A área de coincidência ou interseção é pequena.

O comportamento usual é a pessoa preferir a realização de seus planos e cuidar de seus interesses individuais, deixando pouco de sua energia, ou o menos que puder, para as tarefas e exercício de suas competências. É evidente que, na aparência, não será assim, mas materialmente será desse jeito. Esses entraves devem ser identificados e comprometerem-se os operadores do conhecimento com os propósitos da organização empresarial. Nos tempos correntes de enorme envolvimento dos operadores do conhecimento em equipes de trabalho e em interações de todo o tipo, o seu comprometimento é de total importância.

Perceba-se que o aproveitamento líquido na forma de bom conhecimento a se usar em respostas em resultado do trabalho de equipe é diminuto (diante do seu potencial), em vista de se manifestarem os fatores ambição e interesses pessoais, entre as pessoas. Parece que apenas em situação de real crise para a organização empresarial tende a preponderar o foco nas competências e no total aproveitamento do potencial.

Por certo, há meios de se orientar a organização empresarial para a melhor aplicação de seus operadores do conhecimento. As técnicas de alinhamento dos interesses imediatos e futuros dos operadores do conhecimento com o cumprimento de suas competências são relacionadas com compensações e prêmios, além de trabalho cuidadoso em recrutamento, seleção, desenvolvimento de recursos humanos e demissões. Tudo com o intento de prestigiar valores altruísticos em direção ao interesse do nosso "animal coletivo".

As inovações sugeridas pelos operadores do conhecimento para a organização empresarial são resultado de alto envolvimento pessoal. A criatividade de operadores do conhecimento acontece quando o seu envolvimento é estimulado ou é parte significativa do processo interativo específico de um dado tipo de organização empresarial, como as empresas de consultoria, *software houses*, empresas de publicidade etc. (Kelley e Littman, 2002).

No setor industrial em geral, do mesmo modo, a inovação só é um processo contínuo quando o alinhamento dos interesses pessoais imediatos e futuros dos operadores do conhecimento e da organização empresarial é conseguido com sucesso. Dá-se que a disposição do operador do conhecimento em ceder sua inovação para a organização empresarial é, de algum modo, um ato de altruísmo. O operador do conhecimento poderia, muitas vezes, passar sua concepção inovadora para um terceiro. Ou ainda, por conta própria, comercializá-la. Ou, ao menos, não desenvolver esforços intensos — como muitas vezes fazem os inovadores — na demonstração de suas novidades dentro da organização empresarial.

Entendemos que a criatividade e, assim, a inovação têm origem no fato de poder haver mais de uma interpretação para uma interação da organização empresarial. A existência de mais de uma interpretação não faz com que, necessariamente, só uma delas ou um composto de mais de uma seja a "correta" interpretação que vá conduzir à única resposta. Podem ocorrer duas ou três boas interpretações. Cada resposta que se imagina a partir de cada interpretação parece determinar sentido (*sensemaking*) à interpretação de que derivou e onde tem sustentação. Pode-se ter explicação para isso quando se sabe que o ser humano conhece sempre *em retrospecto*, como se tem na teoria básica de Karl Weick. Em apoio a essa ponderação, Edward De Bono (1991:217) também entende que só *em retrospecto* se pode avaliar a boa lógica de uma idéia. Há como que uma inversão de procedimentos: a possibilidade de uma resposta leva à conclusão de que a interpretação que a sustenta faz todo o sentido.

O ato de interpretar é algo que ocorre no nível da pré-linguagem na mente da pessoa, com toda sua carga de sentimentos e emoções como falamos antes. As interpretações tanto no plano individual como na organização empresarial tendem a ser repetitivas diante das interações semelhantes ou que pareçam semelhantes. Essa repetitividade é um ponto favorável, na medida em que serve para poupar tempo em uma infinidade de ocasiões. No entanto, é importante para as pessoas e para as organizações empresariais encontrar novos caminhos, processos, tecnologia, produtos e serviços, ou seja, inovar para enfrentar a concorrência.

Assim, ocorre a necessidade da reconceitualização das coisas que tenham sido interpretadas com base em um padrão. Isso significa que se deva buscar uma ou mais interpretações adicionais para o que tenha sido objeto de interpretação sob padrão.

Em suma, a inovação surge da criatividade dos operadores do conhecimento. Fora disso, tem de ser comprada fora a peso de ouro e terá seu valor competitivo reduzido drasticamente. O operador do conhecimento deve se sentir bem aceito e recompensado por ter a iniciativa de gerar interpretações adicionais. Só assim as inovações surgem.

A inovação como "transgressão" lingüística

A organização empresarial é e deve intencionalmente reconhecer-se como um sistema lingüístico. Ela abarca um número enorme de signos e símbolos, e de modos de inter-

46 A organização andróide

pretação. *Respostas,* tanto no sentido de ações propriamente ditas como no sentido de objeto de novas interpretações, são construídas por linguagem de modo a poderem ser armazenadas na memória da organização empresarial.

Sensemaking é uma característica da automodelagem da organização empresarial, de hoje. *Sensemaking* é necessário para tornar possível comunicar-se socialmente a justeza de uma idéia e encaminhar-se uma resposta. *Equivocalidade*[18] pode ocorrer na cognição e nas ações de cognição. A atividade de *sensemaking* ou de buscar sentido é antecedida por perplexidade e corresponde ao alívio que se tem quando se encontra um rumo. *Sensemaking* é uma dimensão lingüística na medida em que precisamos da linguagem para comunicar ou confirmar socialmente que o sentido tenha sido alcançado.

Criatividade e inovação nascem de possibilidades alternativas. Perceba-se que sem elas a organização empresarial não terá vantagem competitiva. Nesse quadro, todo o esforço deve ser feito para evitar-se que o *sensemaking* possa afetar a criatividade. Não se deve confundir *equivocalidade* (*equivocality,* como em Karl Weick), como um beco sem saída que precisa ser superado, com a existência de duas ou mais possibilidades de processamento de conhecimento em respostas. Nesse último caso, se tem o bom berço para a criatividade.

A efetividade da arte da gestão, nesta era da criatividade e em um mundo globalizado movido pela inovação, depende de tratar-se diferentemente o que seja *equivocalidade* e o que seja oportunidade para inovação. Excelente criatividade pode

---

[18] *Equivocalidade* corresponde a *equivocality* no inglês. Trata-se da situação de confusão quanto ao sentido ou ambigüidade. É termo usado nas obras de Karl Weick.

estar escondida em *equivocalidade* que deva ser desfeita em duas ou mais interpretações que apontem para caminhos de inovação.

É interessante notar que a inovação, como um novo produto ou na variação de um produto existente — o que inclui as mudanças no seu processo de produção e na sua entrega —, é um procedimento transgressor da estabilidade sistêmica da organização empresarial. Isso ocorre na medida em que a inovação contraria o concerto de elementos que antes existia. No quadro de uma análise semiótico-comunicacional é um dado novo que tem de ser absorvido pela dinâmica da automodelagem da organização empresarial.

A inovação e o empreendedorismo internos à organização empresarial, ao mesmo tempo em que são resposta preemptiva em relação às possibilidades ambientais, são transtornos sistêmicos. Levam a organização empresarial ao desequilíbrio uma vez que sua inserção põe em questionamento os elementos que lhe sejam incompatíveis. Impõe-se então uma discussão da compatibilidade das prévias significações entre si e com a da inovação.

Do ponto de vista da linguagem, a inovação é o resultado de uma leitura criativa nos desvãos dos ambientes, seja individual de um operador do conhecimento, ou social, por mais de um em conjunto. É um signo novíssimo e estranho à ordem existente. Determina novos concertos de ativos/passivos em direção a um novo produto/lucro. Na ótica da inovação como resposta preemptiva, a organização empresarial provoca sua mudança, almejando uma sobrevida mais adequada em um plano superior de adaptação ao ambiente.

No âmbito da teoria das organizações, existe sustentação para afirmarmos a natureza lingüística dos processos

48 A organização andróide

organizacionais e do *sensemaking*.[19] A criatividade e a inovação transgridem os limites da linguagem posta e existente.

Os ambientes com os quais a organização empresarial interage

Os ambientes da organização empresarial estão dispersos em todo o mundo. Um animal individual tem o seu próprio e bem limitado hábitat. É lá que ele encontra comida e abrigo e pode procriar. Uma organização empresarial pode ter produtos e serviços em qualquer lugar e assim encontrar "comida" em qualquer canto. A organização empresarial tem competidores efetivos e em formação ou possíveis por todo o mundo. Isso significa que a organização empresarial tem interações ambientais onde quer que emerja uma ameaça a suas operações e a seus produtos ou serviços; onde quer que barreiras a seus planos correntes, escolhas e procedimentos ocorram; onde quer que possa surgir a possibilidade para novos planos ou produtos; onde quer que uma oportunidade possa se apresentar.

Em nossa experiência e com base no que foi escrito pioneiramente por Lawrence e Lorsch (1967), identificamos nove ambientes operativos, como se fossem o desdobramento da realidade da organização empresarial, ou seja, daquilo que entendemos como um ambiente único, uma vez que a sua pluralidade é artificial, ou seja, resultado do exercício analítico do observador. A divisão em nove ambientes faz com

---

[19] Weick (2001); Morgan, Frost e Pondy (1983); Vickers (1984); Smircich e Stubbart (1985). O discurso semiótico-comunicacional vem sendo utilizado pelos autores de administração. A própria noção de teorização é semiótica-comunicacional. A idéia de cadeia de valor, em Porter (1989), sendo sua concepção de final dos anos 1970, mostra uma construção semiótica da concepção, processo e entrega de produtos.

que o uso da TIC seja facilitado em benefício dos fluxos de conhecimento. Esses ambientes correspondem, por definição, ao *hábitat real* da organização empresarial. O escrutínio dos ambientes é um exercício de ampliação do *hábitat percebido* da organização empresarial.

Os fluxos de conhecimento determinam a existência de respostas no final. Essas respostas não devem servir a certo ambiente, mas devem ser adequadas para toda a organização empresarial em todos os ambientes. Para uma resposta, os operadores do conhecimento devem superar a *equivocalidade* das significações obtidas nos vários ambientes. Bem como, por certo, discernir entre o que seja *equivocalidade* e o que seja oportunidade para inovação.

A tendência da organização empresarial (no que segue o modelo humano individual) é a de se satisfazer com um pouco de informação, isto é, com aquele volume e quantidade que pareça bastante. Nesse quadro, cabe à organização empresarial, por certo com seus operadores do conhecimento, forçar-se a ir além e procurar interações ambientais onde elas possam existir e não estão tão claras. Toda a vez em que ocorrer uma omissão na percepção de uma interação não significará que não houve a interação. O fato é que as interações não percebidas podem se mostrar as mais destrutivas potencialmente ou podem representar oportunidades perdidas para sempre, sem que se saiba. Não há respostas para as interações não percebidas. Não se instala qualquer fluxo de conhecimento.

A listagem dos ambientes que fazemos é ilustrativa e genérica. Não há, de antemão, o mundo objetivo, ou uma realidade exterior certa para todas as organizações empresariais. Esse hábitat real vai sendo descoberto com muita dedicação e esforço, ampliando-se o hábitat percebido em

50 A organização andróide

direção ao real, que nunca é captado por inteiro, porque mutável inexoravelmente.

Esses são os ambientes:

- jurídico e da governança corporativa;
- cultural;
- socioeconômico;
- científico-tecnológico;
- do consumidor;
- dos recursos internos;
- dos recursos externos;
- concorrencial;
- "espaço-tempo".

Ambiente jurídico e da governança corporativa

São as interações — que podem ser interpretadas como oportunidades, viabilidades, ameaças e barreiras[20] — criadas pela legislação do país de origem e/ou das jurisdições onde a organização empresarial esteja e os seus produtos venham a ser concebidos, processados e/ou entregues. Inclui as restrições da tributação e as oportunidades de incentivos fiscais e financeiros. Compreende as regras de direito constitucional, regulatório, civil, comercial, administrativo, trabalho, e outras regras legais que afetem a organização empresarial. Esse ambiente inclui ainda a governança corporativa

---

[20] A noção de oportunidades, viabilidades, ameaças e barreiras tem origem na antiga matriz SWOT (*strenghts, weaknesses, opportunities* e *threats*), desenhada em Harvard, nos anos 1970. Sobre o assunto, ver Thompson e Strickland (2002).

na forma do estatuto ou do contrato social, do "contrato de gestão" do CEO, das determinações da assembléia geral e do conselho de administração.

Cabe verificar se a organização empresarial e seus produtos resistem a esse ambiente e/ou como tirar proveito dele remodelando-se e até que ponto. Se não forem possíveis respostas de adaptação, cabe a descontinuação.

Pode ocorrer de algumas barreiras e ameaças encontradas nas interações não terem consistência em seus fundamentos, isto é, serem decorrentes de uma base falsa ou inadequada. A organização empresarial pode agir para a mudança desses fundamentos e essa ação produzir novas interações, que representem oportunidades ou viabilidades. Chamamos a essas ações, no seio dos ambientes, de *respostas de intervenção* em face das barreiras e ameaças. Trata-se de agir na formação da interação que agora se percebe. Se a *resposta de intervenção* tiver bom resultado, a organização empresarial vai responder a uma nova significação, decorrente de uma interação substituta, a qual ajudou a existir. Se a *resposta de intervenção* falhar, então, a organização empresarial vai ter de responder àquilo que se mantém como barreira ou ameaça. Está na dependência de bom julgamento agir na reformulação daquilo que se tornou interação ou aceitar a barreira ou ameaça como inafastavelmente ocorrente.

As *respostas de intervenção* são comuns nesse ambiente. Aqui se pode ter os *lobbies* legítimos para a alteração da legislação ou de atos governamentais, bem como de decisões da governança corporativa.

Ambiente cultural

São as interações — interpretáveis como oportunidades, viabilidades, ameaças e barreiras — que se apresentam para a organização empresarial relacionadas aos valores e ideais prestigiados pela comunidade onde a organização empresarial esteja ou tenha os seus produtos em concepção, processo ou entrega. Também se incluem como elementos desse ambiente, os hábitos, preceitos religiosos ou filosóficos praticados, noções de felicidade, prazer e interesses intelectuais, formas de mostrar consideração social, meios de aquisição ou perda de prestígio social, gosto estético e noção do certo e do errado, e tudo o mais que representar modelo mental, ou seja, uma maneira de avaliar a organização empresarial e o produto.

Evidentemente, quanto mais a organização empresarial for valorizada positivamente pela comunidade mais estará sustentada e capaz de gerar melhores trocas econômicas. Caso a organização empresarial ou os produtos não satisfaçam ou não se harmonizem com o ambiente cultural, caberá reformulá-los ou alterá-los, em favor de sua viabilização ou mesmo oportunização. Se a adaptação for impossível, a organização empresarial deve ponderar sobre a desintegração ou término do produto que tenha em mercado.

As *respostas de intervenção* são possíveis nesse ambiente, como campanhas de esclarecimento, o marketing institucional e o de produto. Se a *resposta de intervenção* falhar, então, a organização empresarial vai ter de responder àquilo que se mantém como barreira ou ameaça. Está na dependência de bom julgamento agir na reformulação daquilo que se tornou interação ou aceitar a barreira ou ameaça como inafastavelmente ocorrente.

Ambiente socioeconômico

São as interações — interpretáveis como oportunidades, viabilidades, ameaças e barreiras — da organização empresarial com relação à comunidade ou mercado-alvo suposto dos produtos, relativas à demografia, perfis sociais e distribuição da renda, efetividade e modo da movimentação social, mercados de trabalho e profissões. Esse ambiente importa aos produtos quanto ao preço que o mercado estaria disposto a pagar. Se o preço possível for insuficiente para um lucro satisfatório, produtos devem ser descartados ou alterados de forma que o lucro seja aceitável.

As *respostas de intervenção* são possíveis nesse ambiente, como *respostas de intervenção* de longo prazo, como ajudar na formação de melhor renda para o mercado-alvo ou estimular-se uma nova segmentação de distribuição de recursos pelos compradores. Se a *resposta de intervenção* falhar, então, a organização empresarial vai ter de responder àquilo que se mantém como barreira ou ameaça. Está na dependência de bom julgamento agir na reformulação daquilo que se tornou interação ou aceitar a barreira ou ameaça como inafastavelmente ocorrente.

Ambiente científico-tecnológico

São as interações — interpretáveis como oportunidades, viabilidades, ameaças e barreiras — relativas ao fluxo e natureza das transferências de tecnologia ligadas aos produtos, à disponibilidade dessas tecnologias, entradas de patentes no domínio público ficando livres para uso, pesquisas básicas que estejam sendo desenvolvidas por universidades e entidades de pesquisa. Um produto para ser adequado a esse ambiente deve representar um aproveitamento de oportunidade quanto a uma tecnologia. Se não houver segurança quanto à tecnologia, se isso for uma barreira ou ameaça, a segurança tecnológica deve ser obtida por outra fonte, com alteração do produto ou o seu descarte imediato ser considerado.

As *respostas de intervenção* são possíveis nesse ambiente, como as de contribuir de algum modo para a pesquisa nas áreas de interesse dos produtos e serviços da organização empresarial, ou formalizarem-se alianças estratégicas para efeito de desenvolvimento tecnológico. Se a *resposta de intervenção* falhar, então, a organização empresarial vai ter de responder àquilo que se mantém como barreira ou ameaça. Está na dependência de bom julgamento agir na reformulação daquilo que se tornou interação ou aceitar a barreira ou ameaça como inafastavelmente ocorrente.

Ambiente do consumidor

São as interações — interpretáveis como oportunidades, viabilidades, ameaças e barreiras — apresentadas pela legislação de direito do consumidor e a jurisprudência dos tribunais e órgãos de defesa do consumidor em geral relativas ao produto ou serviço. Inclui exame dos procedimentos de transparência de informações e de segurança do produto quanto aos danos que possa causar aos consumidores, tendo-se em conta as várias possibilidades de seu uso ou consumo. Caso um produto não possa atender às regras do direito do consumidor, deve-se alterar o produto para isso, ou descartá-lo de vez.

As *respostas de intervenção* são possíveis nesse ambiente, como as de agir-se junto com outras organizações empresariais do mesmo setor esclarecendo o público de maneira geral quanto à segurança do tipo de produto ou serviço. Se a *resposta de intervenção* falhar, então, a organização empresarial vai ter de responder àquilo que se mantém como barreira ou ameaça. Está na dependência de bom julgamento agir na reformulação daquilo que se tornou interação ou aceitar a barreira ou ameaça como inafastavelmente ocorrente.

Ambiente dos recursos internos

A expressão ambiente dos recursos internos pode ser criticada quanto ao aparente despropósito de se ter um ambiente que não seja externo. Ambiente é algo externo, por definição. No entanto, como a organização empresarial é um "animal coletivo" feito de seres humanos não é impróprio assumir que ela tenha pensamento reflexivo, ou seja, consciência de si mesma como objeto da percepção e da razão; ou da sua cognição, ações de cognição e o mais. O ser humano, diferente dos demais seres vivos (Damásio, 2000), tem consciência, isto é, capacitação para o vivenciamento, experimentação ou compreensão de aspectos ou da totalidade de seu mundo interior. As organizações empresariais podem e devem desenvolver essa mesma capacitação. A automodelagem das organizações empresariais reclama essa prática: a do autoconhecimento.

O ambiente dos recursos internos corresponde às interações (interpretáveis como oportunidades, viabilidades, ameaças e barreiras) que se apresentem à organização empresarial e a cada produto da organização empresarial quanto à disponibilidade de ativos/passivos, ou seja, condições e meios de fábrica, recursos humanos, insumos em geral, recursos econômicos e financeiros. Nesse ambiente, cada produto terá de disputar oportunidade com outros produtos em estudo e outros produtos existentes da organização empresarial. Além de ser um ambiente em que parece haver objetividade quanto à coleta de dados para análise, é também um ambiente politizado, isto é, os gerentes de outros projetos, ou seja, de outros produtos em estudo e de outros produtos existentes, estarão disputando ativos limitados. Evidentemente, se não houver a garantia dos ativos/passivos bastantes, cabe alterar o dado produto ou deixá-lo de lado para melhores tempos. Caso se notar que um dado produto canibalizará os ativos de outro produto já em curso de processo e entrega, deverá fazer escolhas.

As *respostas de intervenção* não têm sentido nesse ambiente, embora possam ocorrer iniciativas individuais de "intervenção" para o proveito individual de operadores do conhecimento em disputa. Por certo, a correção ética deve ser exigida.

Ambiente dos recursos externos

São as interações — interpretáveis como oportunidades, viabilidades, ameaças e barreiras — que se apresentem à organização empresarial e a cada produto da organização empresarial em decorrência dos recursos externos que, de algum modo, sejam aplicáveis aos seus produtos/lucro. Esse aproveitamento potencial se dá na forma de investimentos ou reinvestimentos, de financiamentos, de parcerias que reduzam as necessidades de desembolsos. Inclui as condições de compra que possam ser realizadas com fornecedores. Haverá ameaça ou barreira quando recursos externos não forem possíveis. Engloba ainda as possibilidades de cooptação de novos operadores do conhecimento como gerentes, consultores e assessores. Evidentemente, se não houver a garantia de recursos novos e eles forem imprescindíveis, ou quando recursos novos forem possíveis e significarem oportunidade, cabe adaptação da organização empresarial na forma de desistência do planejado ou de revisão para o aproveitamento da oportunidade, como for o caso.

As *respostas de intervenção* são possíveis nesse ambiente, como o marketing institucional e as ações de relações públicas. Se a *resposta de intervenção* falhar, então, a organização empresarial vai ter de responder àquilo que se mantém como barreira ou ameaça. Está na dependência de bom julgamento agir na reformulação daquilo que se tornou interação ou aceitar a barreira ou ameaça como inafastavelmente ocorrente.

Ambiente concorrencial

São as interações — interpretáveis como oportunidades, viabilidades, ameaças e barreiras — provocadas pelos concorrentes existentes ou possíveis por conta da organização empresarial e de seus produtos. O passo importante será verificar quem são esses concorrentes e as suas condições de criação de barreiras e de ameaças. Pode ocorrer de o comportamento dos concorrentes criar oportunidades para a organização empresarial e/ou seus produtos. Caso um produto não consiga diferenciar-se daqueles dos concorrentes, no valor líquido que aporte, será o caso de reformulá-lo ou abandoná-lo.

Os concorrentes relevantes, tendo-se em conta um dado produto da organização empresarial, são os seguintes (Carvalho, 2003:68):

- competidores que já estão no mesmo "mercado relevante";

- possíveis entrantes vindos de outros mercados relevantes que tenham meios para a apresentação de alternativa que concorra com o produto;

- entrantes vindos de outros mercados relevantes em que já existam ofertas que possam ser identificadas como substitutas do produto;

- fornecedores ou compradores de insumos para quem seja vantajosa uma integração para frente ou para trás, na forma de oferta concorrente do produto;

- grupamentos de organizações empresariais de alta diversificação, para quem o investimento em oferta concorrente do produto seja uma boa alternativa.

As *respostas de intervenção* são intensamente praticadas nesse ambiente, onde têm um grande espaço. No entanto, cabe todo o cuidado na verificação da sustentação jurídica para essas respostas. O limite entre o que é juridicamente adequado e o que é infração concorrencial é muito tênue. Em dois livros cuidamos desse assunto como tema específico (Carvalho, 2002 e 2003).

Se a *resposta de intervenção* falhar, então, a organização empresarial vai ter de responder àquilo que se mantém como barreira ou ameaça. Está na dependência de bom julgamento agir na reformulação daquilo que se tornou interação ou aceitar a barreira ou ameaça como inafastavelmente ocorrente.

Ambiente "espaço-tempo"

O ambiente "espaço-tempo" corresponde a todos os demais ambientes vistos em uma perspectiva de evolução temporal e de movimento. É o ambiente das oportunidades, viabilidades, ameaças e barreiras criadas pela evolução interativa dos ambientes.

A expressão *espaço-tempo* visa indicar, relembrando a *teoria da relatividade* de Albert Einstein, que também no plano social o tempo não é um contínuo ou um fluxo constante, mas sim interdepende do espaço para se avaliar a oportunística da organização empresarial e/ou do produto.[21] Em suma: o tempo poderá ser mais ou menos "rápido" conforme os acontecimentos no espaço tiverem seqüência mais ou menos cur-

---

[21] Em Koch (2000) discute-se a dimensão "espaço-tempo".

ta. Isso não é filosofia; é da experiência comum que os eventos se aceleram ou se espaçam. É no espaço-tempo que podem ser encontrados os nichos para a melhor ocasião de a organização empresarial transformar-se e adaptar-se proveitosamente. O mesmo se aplica a cada produto. Ou então de a organização empresarial (ou o produto) perder oportunidade ou mesmo a viabilidade.

As *respostas de intervenção* não têm sentido nesse ambiente.

3

O processo de cognição-conhecimento-resposta

A organização empresarial é sistema processador de cognição-conhecimento-resposta. Até mesmo as *dinos*, de um modo atrapalhado e primário, também o são.

Conhecimento é produzido a partir de conhecimento anterior. Do mesmo modo como se faz conhecimento científico novo em geral, quando questionamos o conhecimento anterior para o desenvolvimento do novo. Diferentemente do conhecimento místico que se amplia na direção de uma verdade absoluta, o conhecimento comum é sempre relativo e impermanente.

Os ativos empresariais são feitos de conhecimento. Eles são manifestações de conhecimento que se aplicou no passado e que se estabilizou na forma de objetos em que o conhecimento que os fizeram está "armazenado". Ao usarmos a expressão "estabilização", queremos mostrar que o conhecimento é uma energia que pode estabilizar-se. Tal energia pode ser percebida, em análise reversa.[22]

Assim, tudo que tiver reconhecimento social como tendo valor será o resultado ou a estabilização de conhecimento. Como conhecimento estabilizado poderá ser objeto de análise e identificação dos seus componentes de

---

[22] Wikström e Normann (1993) desenvolvem conceito assemelhado ao que chamamos de conhecimento estabilizado.

conhecimento prévio: a ciência básica que informou a tecnologia usada; a própria tecnologia usada, os defeitos de aplicação da tecnologia no objeto etc.

O mesmo ocorre para os ativos intangíveis. Nesses, a diferença está em que não são passíveis de decomposição em elementos. São, em si, conhecimento puro. Identificam-se como construções de conhecimento, a partir de resgatar cognitivamente o que está na realidade e que importa "coisificar" para se poder operar lingüisticamente. São exemplos: o crédito, a imagem de mercado, a marca, o ponto comercial e o próprio conhecimento.

Cabe ainda dizer que para a decomposição de um objeto em conhecimento se deverá fazer uso de conhecimento. Não parece haver decomposição ou análise sem que se conheça, de algum modo, o que se poderá ter do outro lado na reversão do objeto às suas estruturas componentes. Em suma: para se interpretar o conhecimento estabilizado e chegar-se ao seu "código genético" de conhecimento puro (conhecendo-se todas as suas fases de evolução até o objeto, em todos os seus aspectos), é preciso ter capacitação cognitiva e conhecimento seminal.

Poderia haver bom ou mau conhecimento? Ou útil ou inútil? Ou atual ou ultrapassado? Pensamos que todas as distinções qualitativas tenham sentido, conforme o caso e os fins da argumentação que se pretenda. No entanto, tudo será conhecimento no sentido de dimensão primária da captura de dados, da adaptação e da evolução do ser humano no mundo físico. Esse mundo físico é superado (ou assim quer o sonho humano) por um mundo em que os signos e as significações são os elementos básicos. Em outras palavras: um mundo em que o "conhecimento" substitui a "realidade". Ou ainda, em que o conhecimento seja "linguagem" da realidade.

A tecnologia e o conhecimento como geradores de vantagens competitivas

O conteúdo do trabalho humano adquirido contratualmente e aplicado na feitura do produto é ativo. Desde antes da Revolução Industrial, a capacitação profissional das pessoas, ou seja, a habilidade prática e a arte utilitária dos artesãos e dos servos habilidosos é aproveitada intensamente. Burke (2003:136-137, 140-142), entre outros, descreve como, desde a Renascença, o conhecimento foi apropriado amplamente para fins econômicos.

A *techne* é submetida à sistematização como conhecimento recolhido, *logia*. A *Encyclopédie* é um registro rico da transformação do artesanato em tecnologia; do trabalho do artesão e do servo em conhecimento tecnológico, passível de ser tornado ativo, uma vez que não mais reservado ao artesão ou ao servo hábil. É farta a descrição das suas habilidades. O resultado dessa análise sistemática e dirigida das artes, por observadores, é a formação de conhecimento tecnológico autônomo em relação à sua fonte.

Drucker (1993:10-20) informa que, no século XVIII, foram instalados na Europa cursos superiores de engenharia. Na Inglaterra, abandonou-se a prática de atribuírem-se patentes aos amigos do rei, em favor de outorgarem-se patentes para prestigiar os efetivos inventores.

De rigor, o domínio do conhecimento tecnológico é trunfo fundamental do capitalismo, uma vez que o trabalho contratado pode então ser cobrado dos operários com eficiência. Não se tem mais o mistério da *techne* na mente dos artesãos. A *Encyclopédie* também ensinava que as práticas e procedimentos úteis, em uma atividade ou processo, eram também utilizáveis em outras artes. A inovação, nesse sentido, era fortemente sugerida. Ainda não havia, no século XVIII, a formação de conhecimento *novo* para uso na economia. Isso veio a ocorrer apenas no século XIX, quando, conscientemente, passou-se a converter conhecimento científico puro diretamente em conhecimento tecnológico. É exemplo disso, em 1830, a invenção dos fertilizantes artificiais. Em todas as circunstâncias, a tecnologia é apropriada como ativo.

A tecnologia tem a sua história, que pode ser dividida em três momentos

O primeiro momento da tecnologia é, como visto, a identificação de que exista conhecimento a ser apropriado dos artesãos e dos servos, como útil à produção, ao comércio e à distribuição; ou à concepção, ao processo e à entrega de produto. Trata-se de tornar o conhecimento dos técnicos resgatado e estabilizado em algum tipo de registro lingüístico (desenhos, fórmulas, descrições, equações matemáticas etc.) que possa ser armazenado e não mais esteja só na mente do artesão.

O segundo momento é o da produtividade. Dá-se com a cronometragem dos tempos e a descrição dos movimentos dos operários, de maneira a identificar o melhor padrão e replicá-lo em manuais de treinamento e pautas de instruções. Aí está a concepção da *produtividade*, que faz com que não seja mais a agregação de trabalho adicional que trará mais produção, mas sim a melhor forma de fazer. A metodologia do trabalho é obra dos engenheiros e faz-se tecnologia. Frederick W. Taylor (1947), entre o século XIX e o XX, é o introdutor dessa modalidade. Na segunda metade do século XX, também o trabalho dos gerentes médios é crescentemente substituído por software. Perceba-se que o

O processo de cognição-conhecimento-resposta **65**

software é um aparato tecnológico fundado em conhecimento prático anterior apresentado pelos melhores gerentes médios no seu trabalho, que é apropriado e transformado em programa de informática.

O terceiro momento da história da tecnologia é o atual, em que não há mais como se obter produtividade sobre o trabalho manual e sobre o dos operadores de software. Hoje, o conhecimento estabilizado em máquinas, processos e softwares pode ser adquirido ou imitado. Isso, em ambiente concorrencial, descredencia a simples tecnologia como elemento que crie verdadeira vantagem competitiva. Surge a idéia da produtividade do conhecimento, isto é, da geração ininterrupta de conhecimento a ser usado para respostas, com crescente qualidade e contribuição na realização dos produtos/lucro da organização empresarial. Ou seja, é o tempo dos operadores do conhecimento e do processamento da cognição para identificação de oportunidades, viabilidades, ameaças e barreiras, com vistas ao conhecimento e a chegar-se a respostas de adaptação que vão se sucedendo todo o tempo. São os operadores do conhecimento que percebem proativamente o ambiente e se estimulam por suas significações, dando respostas ou buscando mais significações para posteriores respostas. É a era do conhecimento para a criatividade e inovação, uma busca incessante das vantagens competitivas fundadas no processo de cognição-conhecimento-resposta.

Conhecer é viver. Não é por acaso a importância dos operadores do conhecimento atualmente. A organização empresarial hoje é (ou deve ser) um sistema de produção ininterrupta de conhecimento, ou seja, de processamento da cognição-conhecimento-resposta. Deve ser voltada para esse processamento de uma forma fortemente comprometida. Os operadores do conhecimento são os meios desse fluxo. Pode-

66 A organização andróide

se falar em conhecimento gerado a partir de uma base que também é feita de conhecimento. Produz-se conhecimento sobre conhecimento. Faz-se com que o conhecimento ganhe produtividade.

Drucker (2001:194), em definição que nos parece atual, esclarece o que seja o ofício do operador do conhecimento:

> The knowledge worker does not produce something that is effective by itself. He does not produce a physical product — a ditch, a pair of shoes, a machine part. He produces knowledge, ideas, information. By themselves these 'products' are useless. Somebody else, another person of knowledge, has to take them as his input and convert them into his output before they have any reality. The greatest wisdom not applied to action and behavior is meaningless data.

O conhecimento, hoje

Atualmente, mais do que nunca, busca-se conhecimento para resposta. Como é dito na literatura, a concentração de ativos físicos não é mais importante.[23] O relevante é o conhecimento[24] ou o que chamamos de processamento da cognição-conhecimento-resposta.

Os acadêmicos de administração falam de *conhecimento* (*knowledge*), como *competência* (*competence*) ou de *capital humano* (*human capital*).[25] Em nossa linguagem, as compe-

---

[23] Sobre conhecimento, no sentido aqui usado, além de Nonaka e Hirotaka (1997), são importantes, entre outros, Edvinsson (2003); Stewart (1998 e 2002); Krogh, Ichijo e Nonaka (2000); Davis e Meyer (2000); Davenport e Prusak (1998); e Winter (1987).

[24] Conforme Drucker (1993). Depois de Peter Drucker, o assunto se popularizou. Certas expressões indicam o fator conhecimento como determinante no moderno *management*, como: *knowledge management*, *information society*, *knowledge worker*, "capital humano", "capital intelectual", "conhecimento tácito" e "conhecimento explícito". Muitas vezes, esse assunto é ligado a conceitos como "inteligência competitiva", no sentido de práticas de acompanhamento das atividades dos concorrentes para um melhor planejamento empresarial. Tratamos antes desse assunto em Carvalho (2003).

O processo de cognição-conhecimento-resposta   67

tências individuais e a interação, no plano social, dessas competências, correspondem ao uso do conhecimento no mobilizar, integrar, combinar e descartar ativos/passivos para projetar, produzir e distribuir produtos que veiculem valor necessitado-desejado. Ou seja, conceber, processar e entregar produtos com valor percebido. Ou radicalizando: conhecimento percebido.

Não se tem como definir, antecipadamente, um "retorno sobre o conhecimento investido". Sabe-se de sua relevância formidável, bem como de métricas de aplicação *a posteriori*, mediante a exclusão de variáveis. Depois de tudo, pode-se, então, definir o quanto dos resultados da organização empresarial tenha sido aportado pelo conhecimento novo. A inexistência de modelos decisórios sobre conhecimento (investir ou não, e no que e em quem), de aceitação uniforme, não muda a realidade de o conhecimento ser valor imprescindível e de as organizações empresariais, todas elas, serem de algum modo organizações processadoras de cognição-conhecimento-resposta.

Como nos diz Peter Drucker no texto citado, os operadores do conhecimento trabalham "socialmente". Isto é, um em interação com o anterior e o seguinte, e em equipe. Os fluxos de conhecimento dependem da qualidade desse circuito, no que se inclui a necessidade de a linguagem praticada determinar máxima conectividade. Registre-se que o trabalho em equipe é inexoravelmente dependente da linguagem.

---

[25] Em nossa teorização, rejeitamos a expressão "capital", uma vez que indica algo estacionário e disponível. O sentido que damos para conhecimento é de movimento e de aplicação. É a idéia de conhecimento aplicado (resposta), que, por sua vez, é determinante de nova interpretação. Os fluxos são o importante.

O conhecimento tem idas e vindas, fluxos e refluxos, rodamoinhos, confrontos e disputas entre os operadores do conhecimento no interior da organização empresarial. Essa agitação deve existir até que ganhe massa crítica e se imponha como a resposta, até que outra a substitua, uma vez que em um sistema automodelante nada é estável.

Os japoneses (com sua linguagem com muitos arrancos, silêncios e expressões faciais sutis) parecem bons nas técnicas sociais de construção de respostas. É a nossa impressão. Há como que um processo quase religioso no trabalho de equipe que praticam em busca da resposta que seja aceita como a adequada pelo grupo. A autoridade para as respostas tende a surgir dos que efetivamente possam contribuir. As fricções e questionamentos entre os operadores do conhecimento são bem-vistos como parte do processo.

Há semelhança entre esse fluxo social entre operadores do conhecimento e a *sinapse*. Sinapse, em neurofisiologia, é o ponto de junção entre dois neurônios pelo qual passa um impulso nervoso. Pode também significar, por extensão, o *fenômeno* da passagem do impulso nervoso de um neurônio para outro. Ou seja, de um operador do conhecimento para outro. É esperado que a recepção de significação por operador do conhecimento resulte em não-perda ou mesmo ganho de valor a cada movimento sináptico. O processo é circular, vai e volta em *double interacts*, com fluxo e contrafluxo.[26] O que se objetiva é que o ganho seja sinergético em relação aos operadores do conhecimento individuais.

O ganho de valor estará na diferença *positiva* (mais valor) entre a significação recebida e a repassada. Nas organi-

---

[26] Ver sobre *double interact* em Weick (1979:89-118).

zações empresariais frágeis em processamento da cognição isso não ocorre. Há perda de valor, o que se pode chamar de *conhecimento negativo* (Carvalho, 2003).

Iletramento funcional: doença que afeta os fluxos de conhecimento

A qualidade dos fluxos de conhecimento na organização empresarial é, nos países periféricos em geral, prejudicada pelo chamado iletramento funcional, *functional illiteracy*.[27]

Entende-se como *letrado funcional*, conforme definição da Unesco, toda pessoa capaz de utilizar a leitura e a escrita para fazer frente às demandas de seu contexto social e usar suas habilidades para efetivamente continuar aprendendo e se desenvolvendo ao longo da vida. Na organização em-

---

[27] Nos EUA, a preocupação com o *functional illiteracy* é grande. De acordo com a *BusinessWeek Online*, 14 Feb. 2002, que reporta a pesquisa realizada em 17 países industrializados, fora o Japão, entre 1994 e 1998, os EUA estavam no 10º lugar em letramento geral. Essa deficiência tende a comprometer a competitividade norte-americana. Na revista *Veja*, ano 38, n. 7, de 16 fev. 2005, há matéria sobre a experiência educacional sul-coreana em comparação com a brasileira. Demonstra a fragilidade conceitual de o governo federal brasileiro prestigiar a educação universitária, e não a fundamental. O artigo estabelece uma série de conceitos que são praticados na Coréia e que estruturam o sucesso econômico daquele país: concentração dos recursos públicos no ensino fundamental, deixando a universidade para a atenção da iniciativa privada, procedendo-se à ativa política de bolsas para os de melhor desempenho; estímulo às ofertas de aulas e atividades extras no sentido de dar oportunidade ainda maior para os alunos mais bem-sucedidos; envolvimento da sociedade em geral e dos pais de alunos, em especial, no processo de aprendizagem competitiva, fazendo com que os pais participem ativamente no desenvolvimento dos filhos em direção à alta performance; ampliação máxima do volume diário das horas de estudo formal para até 12 horas de dedicação; bons salários, condições de vida favoráveis e *status* social alto para os professores do ensino fundamental e para os professores em geral; investimento preferencial nas áreas universitárias de fundamento tecnológico; compatibilização dos interesses de pesquisa das universidades com os das empresas.

70 A organização andróide

presarial, podem-se incluir, como linguagens, os mais diversos sistemas de signos, como a matemática, a contabilidade e mesmo a *emotional literacy*, como tratada por Steiner (1997).

É conceito que incorpora o domínio de elementos culturais e da realidade, e sua representação lingüística, no sentido amplo que aqui usamos. Esse domínio torna a pessoa que o detém capacitada a entender o ambiente onde está, de maneira a que possa transmitir pensamentos seus a outrem em condições de serem entendidos como desejado e vice-versa. Isto é, perceber, com exatidão operacional, comunicações que receba e saber formular comunicações que possam ser entendidas por receptores.

Nesse sentido, *letramento (literacy)*, como conceito, indica essencialmente que a linguagem verbal ou outro sistema de signos são elementos que absolutamente não se esgotam em si, mas têm a função de remeter para significados que dependem de conhecimento próprio. As palavras e os outros signos, como nos ensina a semiótica, não têm vida própria. Valem pelo que representam. Se um receptor não tem domínio sobre o objeto (coisas, abstrações e dimensões significadas) das palavras, se não tem domínio lingüístico, não poderá interpretar o que foi dito dentro do que foi desejado pelo emissor. Do mesmo modo, não saberá emitir comunicação que seja entendida como o intentar.

A deficiência de comunicação oral está contida seminalmente no conceito de *iletramento funcional*. Por certo, a exclusão da oralidade nos estudos de iletramento funcional está no fato de a mensuração desse fenômeno ser mais difícil, ou ainda superada pela assunção de que quem não entende ou não escreve textos inteligíveis também não sabe comunicar-se oralmente, com clareza, quanto ao conteúdo.

Iletramento funcional como barreira para os fluxos de conhecimento e para o desenvolvimento social

Ora, na organização empresarial, algumas vezes, encontram-se operadores do conhecimento com efetivo conteúdo em relação às suas competências e especialização, mas que ao mesmo tempo não têm domínio lingüístico para objetivamente comunicar e entender.

Esse fenômeno torna-se dramático quando se tem a possibilidade (ou a obrigatoriedade) da expressão por via eletrônica pela internet e pelas redes internas da organização empresarial. O e-mail, em vista de sua rapidez em ser editado, enviado e recebido, leva a transtornos adicionais para os fluxos de conhecimento. A velocidade torna-se, na prática, um valor mais relevante que a qualidade da emissão-recepção conteudística das mensagens. A comunicação se dá com muito mais sinais em quantidade, prejudicando o entendimento do que seja pertinente ou não na mensagem, dando freqüentemente oportunidade para produção de *conhecimento negativo*.

A correspondência eletrônica, por certo, não é um mal. O que traz desconforto é que o seu uso, conveniente para os fluxos de conhecimento na organização empresarial, leva à necessidade de maior capacitação funcional dos operadores do conhecimento na prática da comunicação responsável.

O iletramento funcional é uma doença social que se torna crônica uma vez que a tolerância quanto à sua existência e crescimento é formidável, em toda a sociedade e, no que nos importa, na organização empresarial. Trata-se de mais ou menos dizer e explicar e de mais ou menos entender. Tocar para diante, contando que em algum momento a comunicação se dê, com a interpretação adequada que seja feita, em

72   A organização andróide

algum momento do futuro. Se isso não ocorrer, não é de se ficar triste ou sentir-se ameaçado. Ninguém saberá que o que era para ser não foi porque não se entendeu.

As deficiências de letramento dos próprios operadores do conhecimento é acompanhada da deficiência dos não-operadores do conhecimento, isto é, os trabalhadores que praticam atividades repetitivas, que possam ser aprendidas por treinamento. Ocorre que a efetividade do treinamento depende de leitura de textos lingüísticos comuns, de desenhos e gráficos, bem como do conhecimento de princípios e conceitos básicos de várias disciplinas, e de matemática, em particular. Ora, se um trabalhador não domina esse campo, rende menos no seu treinamento ou não é confiável quanto ao seu trabalho, mesmo que esse seja repetitivo e objeto de monitoramento.

A proposta humanística de que as indústrias possam e devam, nos países pobres, ocupar mais mão-de-obra não faz sentido, em um cenário de insuficiência educacional crônica. Ocorre que nos projetos de novas fábricas, em países periféricos, prestigiam-se desde sempre e crescentemente a automação e a robótica em geral, de modo a se precisar de menos trabalhadores para a operação. Quanto menor for o seu número, mais se viabiliza seu recrutamento, seleção e treinamento para o trabalho, em um mercado precário em oferta de mão-de-obra. As fábricas moderníssimas que se instalam no Brasil dirigem-se para locais em que haja mais alternativas de contratação de gente letrada, como o caso da planta de caminhões da Volkswagen que foi para Resende (RJ), cidade considerada, em 1993, modelo para a Unicef, entre outras variáveis consideradas.

Diferentemente do que ocorre no Brasil, nos países de alto letramento decorrente da educação básica ou elementar, há todas as alternativas entre automação maior e menor. De outro lado, forma-se um público consumidor com poder de compra, porque tem salário, e que tem discernimento nas suas aquisições. Tudo em conjunto leva à situação de crescimento socioeconômico sustentado. A ausência de recursos naturais em boa parte desses países não impede, mas sim dá mais vigor aos seus esforços de superação pelo conhecimento.

Países como o Brasil, ainda que possam ter abundante disponibilidade de operadores do conhecimento em nível universitário (a ponto de excelentes escolhas poderem ser feitas), não alcançam níveis altos de produtividade. Isso decorre da ausência de massa crítica do conhecimento que deve estar na base da pirâmide social. No Brasil, em vista da ênfase na universidade, resquício do passado colonial de ascensão social pela mostra de títulos (bacharelismo), muitas vezes são os universitários sem posição de trabalho em suas especializações que se deslocam para baixo. Passam a ter ocupações que demandam capacitações mais operativas e sujeitas a treinamento. Nessas ocupações, a formação universitária especializada não compensa a falta de conceitos, de condições de comunicação e de formação fundamental.

Fato é que não há naturalmente a formação de um universo de trabalhadores realmente capacitado para o trabalho operativo diante da tecnologia contemporânea, uma vez que a educação fundamental não é a meta. Passa a caber às próprias organizações empresariais, direta ou indiretamente, a formação de trabalhadores a partir de uma base de recrutáveis e selecionáveis pobre escolarmente.

As possibilidades das organizações empresariais têm sido prejudicadas pela ênfase dos governos brasileiros na

74 A organização andróide

educação universitária. Os maiores recursos e a suposta determinação pelo crescimento econômico se dá pensando-se na universidade. Não se cuida da educação primária e média. No entanto, é na educação básica que se forma o letramento do indivíduo, o seu domínio dos conceitos e a sua capacitação para desenvolver-se pelo discernimento quanto ao que é valioso e o que não é no mundo econômico e cultural em que está inserido.

Em 1992, o Brasil só foi superior a Moçambique em conhecimentos fundamentais de jovens de 13 anos, conforme pesquisa do Educational Testing Service, de Princeton, EUA. Em 2007, a OCDE, de Paris, confirmou a severa indigência do Brasil no conceito das nações quanto a letramento em leitura, ciências e matemática (www.oecd.org).

O mal do iletramento funcional nas organizações empresariais é que a sua existência e alta disseminação levam a que se reduza a efetividade e o *timing* dos fluxos de conhecimento. Passa a ter lugar a resposta sustentada na lógica da hierarquia, ou ainda na lógica de quem mais seja ativo e laborioso no trabalho, ainda que não seja a pessoa capaz de prover o conhecimento mais adequado para a resposta.[28] A organização empresarial fica frágil. Prevalecem os procedimentos de *decision-shaping* que prestigiem as decisões hierárquicas em lugar de uma automodelagem que favoreça melhor a formação de fluxos de conhecimento.

---

[28] Drucker (2001:191) escreve que *"(...) In every organization there are some highly effective plodders. While others rush around in the frenzy and busyness that very bright people so often confuse with 'creativity', the plodder puts one foot in front of the other and gets there first, like the tortoise in the old fable".*

A hierarquia não serve ao processo de cognição-conhecimento-resposta

A organização empresarial contemporânea tende a quebrar as regras da hierarquia tradicional. As respostas simplesmente hierárquicas devem ser prestadas quando em situação de contingência. Ocorrem quando o processamento de cognição-conhecimento-resposta falhar em sua automodelagem e alguma resposta tenha de ser dada.

As organizações marcadamente hierárquicas têm origem nas antigas estruturas em que o conhecimento novo surgido de trabalhadores não era visto como tão provável de ocorrer como o é agora no mundo global e extremamente competitivo. No passado, era possível haver gerentes e supervisores com o conhecimento formal e a experiência considerados suficientes, ou mais que bastantes, para tomar decisões dentro do seu âmbito de autoridade. Em especial, o conhecimento prático de como se fazer obedecido era o crucial. Saber dar ordens era o relevante.

A diferença básica, entre a atualidade e o passado, está na percepção do ambiente ou de como ele passa a ser diferente. É de todo possível demonstrar-se, por pesquisa, essa evolução da organização empresarial. Bastaria que se levantasse, nas grandes organizações empresariais que sejam bem-sucedidas hoje, como líderes em seus mercados, a seqüência histórica dos seus modelos de gestão, das práticas de recrutamento, seleção, promoção e remuneração, do número de *layers* das estruturas formais e da interação efetiva entre essas mesmas *layers* em relações oblíquas (fora da linha de reporte hierárquico). Sob variadas óticas, isso tem sido feito na literatura de administração. A conclusão, em nossa avaliação, tem sido uniforme em favor do conceito de que a crescente preocupação com o processamento da cognição-conhecimento-resposta é o ponto central da evolução das organizações empresariais.

Não há uma evolução no tempo linear, mas sim, e sempre, uma adaptação aos ambientes. Isto é, se as condições de concorrência acirrada e global deixarem de existir, a tendência será de as organizações empresariais bem-sucedidas e líderes deixarem de lado sua frenética busca de cognição-conhecimento-resposta para voltarem a ser burocráticas e centradas na hierarquia pura e simples.

Podemos ilustrar dando exemplo fora do contexto empresarial.

O ambiente é diferente, na guerra e na paz. Isto é, na guerra, há ambiente instável e altamente incerto, vago e ambíguo. Na paz, há ambiente aparentemente estável, certo, preciso e unívoco, no plano de visão de mundo das organizações militares. As promoções e as carreiras nos exércitos nacionais em tempo de paz, como no período anterior à II Guerra Mundial, tendem a ser favoráveis aos oficiais com comportamento conservador e respeitoso às regras. No tempo de guerra, passa a impor-se o conhecimento útil para resultados concretos.[29] Mesmo a desobediência, desde que com resultados, é bem-vista, ao menos publicamente, como aconteceu com o general Patton em sua incursão em direção ao coração da Alemanha, no final da II Guerra Mundial.

Na guerra, quando o ambiente se torna confuso, ambíguo e vago, o poder hierárquico, suficiente na paz ou na despreocupação da paz, é substituído pelo poder do conhecimento.

---

[29] O mesmo fenômeno ocorreu nas Guerras Napoleônicas, inclusive com mais contundência.

Procura-se, então, conscientemente ou não (o processo parece ser mais que tudo espontâneo) dar fluxo máximo ao conhecimento. As promoções passam a ser muito mais rápidas para os oficiais que mostram resultados e demoradas para os que se acostumaram com um ambiente certo, simples e burocrático. Essa reviravolta acontece independentemente de o conhecimento (no que se incluem habilidades de relacionamento interpessoal para resultados, como o caso do general Dwight Einsenhower) que os novos talentos tenham usado não fazer parte da grade curricular das academias militares, ou mesmo de ser apreciado pelos que os promovem e reorientam as suas carreiras para planos mais altos.

Operadores do conhecimento

A atividade de gestão de recursos humanos, na organização empresarial, é sem dúvida a mais determinante. Impõe-se recrutar os mais aptos, selecionar os mais adequados em termos de valores altruístas em face da organização empresarial e bom caráter no trabalho de equipe. Impõe-se estabelecer as mais tênues linhas de reporte e, de preferência, duplas ou triplas, de modo a se vencerem as muito comuns barreiras e inibições dos fluxos de conhecimento por bloqueios hierárquicos. Os reportes duplos e triplos ajudam a que o conhecimento possa encontrar fluidez e maior alcance.

Diante de recrutamento e seleção deficientes, seriam compensatórios os programas de desenvolvimento de recursos humanos e de treinamento? Parece-nos que não. Essas técnicas só nos parecem boas para o avivamento de valores altruístas e de compromisso com a organização empresarial, os quais já existam visceralmente nos operadores do conhecimento. Não servem para criá-los. Do mesmo modo, não servem para dar conhecimento bruto a quem não tenha valores adequados, na expectativa de que, germinado, floresça em conhecimento de alto padrão. Nada substitui o bom recrutamento e seleção (Welch, 2001).

O treinamento e o desenvolvimento de recursos humanos parecem, no entanto, importantes para a disseminação de valores e princípios que estabeleçam e desenvolvam cultura organizacional que dê apoio e premie claramente (com melhor remuneração e reconhecimento de todas as ordens) os comportamentos que se desejem praticados.

Também o treinamento parece imprescindível na superação do iletramento funcional dos potencialmente competentes operadores do conhecimento. Seriam de grande proveito programas de desenvolvimento de operadores do conhecimento no letramento funcional relativo aos signos dos nove ambientes. O mais efetivo letramento funcional no monitoramento das interações ambientais é decisivo para a alta performance da organização empresarial.

Criatividade e "inter e transdisciplinaridade"

Os países centrais são os maiores investidores em educação e educação continuada, em desenvolvimento de recursos humanos, e na retenção de talentos nos centros de pesquisa e na atividade empresarial (Drucker, 1993:143-146). Interessante manifestação são as *universidades corporativas*, no seio das grandes organizações empresariais, onde se desenvolve (ou se quer desenvolver), capacitação para cognição-conhecimento-resposta, e não adestramento para tarefas ou para aprender a mandar.

Como oração principal tenha-se a seguinte: o processo de cognição-conhecimento-resposta que discutimos é aquele que cria vantagens competitivas para a organização empresarial. Não é o conhecimento que muitos tenham, ou que seja acessível em pouco tempo e/ou com pequenos recursos, por concorrentes em um dado mercado relevante. Importa a criatividade para a inovação.

A criatividade ocorre na reinterpretação de algo que até agora tenha merecido uma interpretação que se tornou assentada. Criatividade tem a ver com análise *em retrospecto* da interpretação (cognição) que levou à concepção vigente seja sobre o que for. E daí buscar-se, de volta ao objeto primário, uma ou mais percepções alternativas da interação ocorrida. Daí podem resultar novos processos de cognição-conhecimento-resposta.

Está demonstrado, nas obras de Edward De Bono, que existem sempre várias possibilidades de resposta. Ou seja, várias possíveis respostas para uma questão ou interação. A razão para a existência de uma variedade de respostas é encontrada na função cognição. Ocorre quando os signos de uma interação são reconhecidos, nomeados, medidos, bem como posicionados e organizados na mente dos operadores do conhecimento e assim da organização empresarial. Cada cognição levará a um diferente conhecimento e a uma resposta. Perceba-se que não estamos lidando com a realidade diretamente, mas sim com signos e símbolos que vemos no que chamamos de realidade. Veja-se ainda que a mente humana, e a da organização empresarial por extensão, é razão *e* emoção junto com o seu mapa cognitivo, o que em conjunto leva a um bocado de mesmice na atividade cognitiva, e daí mesmice na construção ou descoberta de conhecimento e na resposta.

A criatividade é possível a qualquer um que desenvolva *outras* possibilidades de perceber significações nas interações. O importante é não simplificar a interpretação dos signos das interações. A criatividade que resulta em "resposta de inovação" é produto de "pós-letramento funcional". É algo bem mais profundo que o simples letramento funcional. É um exercício investigativo diferente do meramente lingüístico. Cuida-se de ir fundo até onde estiver o berço seminal do que estiver sendo significado por um signo.

Como isso acontece? Criatividade e inovação se apresentam na investigação dos pontos escondidos, desvãos ou pontos cegos para a percepção convencional. Para a criatividade de excelência não é o caso mais de se pensar em "interdisciplinaridade", ou seja, o uso da metodologia de um ramo do conhecimento para investigar o objeto de outro. Hoje, para a criatividade é preciso pensar em "transdisciplinaridade", de maneira a encontrarem-se os desvãos e os pontos cegos da realidade não atingidos pelo conhecimento de agora.

É preciso que, na escola de ensino fundamental, onde se forma a mente das pessoas, se pratiquem a inter e a transdisciplinaridade. É preciso ensinar a descobrir. Nem todos serão criativos; todavia, a educação formal para a criatividade pode, no mínimo, desenvolver a aceitação da criatividade como algo bom. Os que não forem criativos poderão ser úteis no detalhamento e na operacionalização das inovações.

4

A organização andróide

Ritto (2005:317-318), para efeito de sua recomendação de como devam ser as organizações empresariais vencedoras no século XXI, vale-se — entre outros fundamentos de que trata em seu livro — da chamada "teoria endogenista", no sentido de geração interna de valor, isto é, dentro da organização empresarial.

Tal teoria tem origem nas pesquisas de estudiosos da economia, com início em Giovanni Dosi e outros no começo dos anos 1990. Essa teorização apresenta o porquê *endógeno* de certas organizações empresariais serem muito mais bem-sucedidas que outras.

Por que certas organizações criam e inovam mais? Por que aprendem e processam conhecimento mais que outras? Por que têm sempre as melhores tecnologias? Por que o desenvolvimento entre organizações varia, mesmo que apresentem condições objetivas semelhantes? A resposta para todas essas perguntas é a seguinte. As organizações empresariais bem-sucedidas relacionam inteligentemente os seus recursos, bem como apresentam alta e devotada cooperação de seus atores internos, ou seja, em nossa linguagem, os operadores do conhecimento.

Diz Ritto (2005:318):

> Quanto melhor os grupos humanos conseguem constituir-se em coletivos inteligentes, em sujeitos cognitivos, abertos, capazes de iniciativa, de imaginação e de reação rápidas, melhor asseguram

seu entendimento e suas melhores inserções nos ambientes mutantes. Inteligência coletiva deve ser compreendida além do exclusivamente cognitivo e alcançar o "trabalhar em conjunto". As relações entre seres humanos produzem, transformam e administram conseqüentemente espaços heterogêneos e entrelaçados onde é criado o conhecimento.

Essas considerações oferecem uma rápida introdução para o entendimento das organizações andróides, que superam evolutiva e historicamente as organizações dinossauro. As *andros* substituem, darwinianamente, as *dinos*.

Para chegarmos às *andros*, começamos pela discussão dos ativos e sua articulação com os passivos da organização empresarial. Isso nos parece adequado, uma vez que ativos e passivos são dimensões organizacionais elementares em nossa sistematização.

Ativos e passivos

Nos ativos nada é, de antemão, indicativo de seu uso como ativo. O que vai fazer de algo um ativo será a sua aplicação efetiva na concepção, processo e/ou entrega de produto ou serviço. Assim, só se distinguem ou se percebem ativos na medida em que *qualquer* bem seja usado para o fim de concepção e/ou de processo e/ou de entrega de produtos ou serviços.

Um ativo é um veículo de valor, ou seja, de *valor contributivo* para o produto/lucro. Cabe explicação sobre o que seja, no contexto, valor contributivo.

Os ativos são, fora os operadores do conhecimento, os elementos básicos da organização empresarial.[30] Os ativos

---

[30] Entre os autores de administração que identificam o que chamamos de *ativos*, como centrais, podem ser citados: Penrose (1959); Wernerfelt (1984); Dierickx e Cool (1989); Prahalad e Hamel (1990); Barney (1991); Peteraf (1993); e Schoemaker e Amit (1997). O assunto também é tratado, em termos práticos e exaustivamente, por Boulton et al. (2001).

são postos em concerto pelas respostas dos operadores do conhecimento e pela gestão de validação do CEO, em sucessivas e infindáveis novas respostas, por força das significações do ambiente que não param. Ora, bens aportam valor. Isto é, valem porque, de algum modo, prestam-se para o proveito que se assume estar neles e poder-se extrair. Bens são veículos de valor. Os ativos são os bens alocados na organização empresarial. Em específico quanto aos ativos, existe um valor correspondente ao que se espera deles (valor contributivo), em direção ao produto. O produto ou serviço, por sua vez, "entrega" valor final ao comprador em atendimento à sua necessidade-desejo. A troca econômica se perfaz. O valor do vendedor do produto é o lucro.

A expressão "valor", no contexto dos ativos e dos produtos, tem sentido *finalístico*. Isto é, valor é o propósito dos ativos.

Convivendo com os ativos estão os *passivos*. Esses, em nossa teorização que tanto se vale da lingüística, são contrapesos, ruídos, restrições, perturbações e distúrbios nas significações dos ativos. Ou, ainda, *valor contributivo negativo*. *Passivos*, em termos mais terra-a-terra, são obrigações, encargos, custos, despesas, deveres, débitos, dívidas que reduzem o resultado líquido da contribuição dos ativos para o produto, isto é, o valor final contido (ou veiculado) no produto como percebido pelo comprador.

Isso acontece uma vez que os passivos repercutem no preço do produto, abatendo o valor líquido a ser havido pelo comprador. O valor líquido avaliado pelo comprador no produto é a diferença entre o benefício que aufere ou assume auferir, de um lado, e o preço e outros ônus de outro lado (Kotler, 2000).

Fora dos passivos típicos, há um passivo que não é mostrado nos assentamentos e demonstrações financeiras e

84 A organização andróide

gerenciais: o iletramento funcional, já discutido. O menor preparo lingüístico (sentido amplo) dos operadores do conhecimento leva à perda de tempo e ao retrabalho, ou a respostas pobres, insuficientes ou mesmo danosas. Caso contrário, se houver pleno letramento dos operadores do conhecimento e o seu comprometimento leal em usar essa capacitação em favor da organização empresarial, haverá condições de o adequado conhecimento logo gerar resposta de qualidade. Haverá ainda respostas de inovação, com a prática do "pós-letramento funcional".

Os ativos servem especificamente para a *concepção* e/ou para o *processo* e/ou, ainda, para a *entrega* de produto em direção ao lucro. O que os caracteriza é o aporte de valor para o produto ou serviço. Certos ativos, pelo tipo de valor com que contribuem para o produto, podem ser classificados como de concepção (como os planos), outros como de processo (por exemplo, máquinas), outros ainda de entrega (por exemplo, redes de distribuição). Entendemos, no entanto, que a classificação dos ativos entre os de concepção, os de processo e os de entrega seria um exercício que não traria mais luzes. Ocorre que, conforme o tipo de organização empresarial, haverá variações marcantes de classificação.

Para algo ser, ou não ser, um ativo dependerá de sua significação para proveito na concepção e/ou no processo e/ou na entrega de um produto. Nada é ativo por natureza. Será a sua alocação sintagmática,[31] ou seja, a adequação de seu posicionamento em relação aos demais tendo-se em conta o produto que faça retornar lucro, que tornará algo ativo.

---

[31] Um conceito de lingüística, como em Saussure (1969). A sintagmática estuda a relação entre os termos ou signos dispostos um em seguida ao outro no discurso. Analogamente, o mesmo ocorre no concerto dos ativos em direção ao produto/lucro.

Lembremo-nos de que esses valem pelo que contribuem. Ou melhor, pela sua significação em direção ao valor final significado pelo produto.

No discurso lingüístico, cada signo tem um valor em relação ao seu antecedente e seu posterior, e em todo o conjunto. Do mesmo modo, o valor de cada ativo está no seu valor contextual nos concertos da concepção, do processo e da entrega de produto.[32] O discurso dos ativos pode e deve ser correto, enxuto, e mesmo elegante, em direção à significação final que seja percebida como boa e valiosa, como nos discursos lingüísticos comuns.[33] Do mesmo modo, o "discurso" do alinhamento no espaço e no tempo dos ativos/passivos deve levar ao produto que realize máximo retorno à organização empresarial, na forma de lucro e de lucro sustentado.

A organização empresarial pode ser vista como um sistema em incessante transformação em que se combinam a atividade dos operadores do conhecimento nos seus fluxos de conhecimento e os concertos instáveis de ativos, negativamente acompanhados por concertos instáveis de passivos, em direção ao produto/lucro.

Será que essa visão afronta a realidade "objetiva", que é feita de concretude física? Ou, em outras palavras, não estarão os leitores práticos e realistas assustados com a colocação notavelmente abstrata?

---

[32] Sobre "valor" dos signos nos sintagmas, Coelho Netto (2003:22-23).

[33] Em Strunk Jr. (1999:xv), se tem que: *"Vigorous writing is concise. A sentence should contain no unnecessary words, a paragraph no unnecessary sentences, for the same reason that a drawing should have no unnecessary lines and a machine no unnecessary parts. This requires not that the writer make all sentences short or avoid all detail and treat subjects only in outline, but that every word tell".*

Não. A intenção aqui é a de mostrar como se processa a automodelagem da organização empresarial sobre sua plataforma lingüística. Não intentamos descrever materialmente como ocorre a fabricação de um produto, em um dado tempo e hora: um registro no diário de fábrica. Isso só teria sentido entre o tempo da *Encyclopédie* e o tempo de Frederick Taylor e de Henry Ford.

Vivemos em um mundo cultural, com abstrações construídas socialmente. Ou seja, construídas com conhecimento. O conhecimento é o acesso que temos à realidade, como já dissemos antes. O conhecimento é a linguagem da realidade.

Nesse quadro, podemos assumir que seja abstrata a percepção que a organização empresarial, por meio de seus operadores do conhecimento, tenha de si mesma: um sistema de gente e de concertos de ativos e de concertos de passivos, em convivência e transformação com o ambiente, para o produto/lucro. O ambiente, do mesmo modo, é feito de signos e suas significações. O conhecimento (como energia que ao mesmo tempo estrutura e anima a organização empresarial) flui por meio da linguagem e não por via do gestual intuitivo ou da telepatia. Assim, o conhecimento tanto se estabiliza na linguagem (língua verbal, matemática, digital etc.), uma vez que os seus registros são assim feitos, como o conhecimento é passado e recebido, entre as pessoas, pela linguagem. As linguagens, ou sistemas de signos, são o veículo do conhecimento humano, ao mesmo tempo em que são o próprio conhecimento quando o registram.

Em suma: pode-se dizer que o conhecimento existe lingüisticamente, tanto como energia em ação quanto em potência, tanto ao fluir como ao documentar. Sem as linguagens, resta a experiência mística, vista como conhecimento místico, o qual não se comunica ou registra, uma vez que é relação direta do indivíduo com o transcendental.

Da modelagem para a automodelagem: dinos e andros

A modelagem organizacional, como técnica rotineira e feita por intervenção externa, é algo do passado. O que existe hoje não é mais a arte maior ou menor de consultores em formular novos modelos estruturais e desenhar processos. Também não se trata mais de entender-se o CEO como o maestro de uma modelagem organizacional de sua autoria.[34] Já não cabe perceber o CEO como um *decision-shaper*, alguém que estabelece os procedimentos, processos e estruturas para que as respostas sejam tomadas de conformidade com seus valores e princípios pessoais.

Hoje, a modelagem organizacional consultiva perde espaço, em comparação com o sucesso que já teve no terceiro quartel do século XX. Fica adstrita ao nascimento das organizações empresariais a partir de seu modelo de negócio (*business plan*) básico, ou quando de reprojetos por conta de desintegração por insucesso. Em nossos dias, passa a ocorrer a *automodelagem*.

A organização empresarial conhece para viver pelos seus operadores do conhecimento e CEO. Sobrevive porque se ajusta mediante respostas. A participação do CEO não é algo autoral no sentido do seu estabelecimento de uma estratégia, fazendo com que esta se manifeste por meio de uma modelagem organizacional correspondente. Não há estratégias, mas sim gestão permanentemente tático-estratégica, de altíssima mobilidade, um processo ágil e ininterrupto de superações

---

[34] Como Cavalcanti (2005) escreve, com fundamento em Galbraith (2002).

para uma melhor sobrevida do animal coletivo que é a organização empresarial.

A organização empresarial, como um animal coletivo, do mesmo modo que os animais individuais, cria para si um mundo próprio, com o qual interage. Esse mundo é o seu hábitat percebido, uma vez que resulta do seu esquema cognitivo. Viver é conhecer e conhecer é criar seu ambiente.

O hábitat percebido não corresponde ao hábitat real. Esse último é bem maior, mais diversificado e mais mutável que o alcançado normalmente pelo esquema cognitivo organizacional. A organização empresarial pode assemelhar-se a um grande dinossauro, em que o hábitat percebido é tudo, como é o mais comum. Ou se assemelhar ao indivíduo que busca, superiormente aos outros animais, incluir mais e mais elementos do hábitat real. Uma é a organização *dino*; a outra é a *andro*.

A *dino* se comporta com pouca agilidade e com longa demora para suas respostas, boas ou ruins; tornando-se sempre ruins pela perda do *timing* certo.

A *andro* é ágil e oportuna, tanto para a percepção do perigo, quanto para a avaliação da oportunidade. A *andro* planeja enquanto age, bem como age enquanto planeja. Embora a *andro* também apresente sistema cognitivo que produz visão de mundo peculiar e subjetiva, percebe que esse mundo é cenário aberto para o processamento de surpresas e frustrações, manobras diversionistas, ações oportunísticas e fugas a tempo das ameaças reais. Na *andro*, o racional e o emocional interagem em favor de processamento da cognição que tende a ser pleno.

O fato de a conduta cognitiva da organização empresarial naturalmente levar à formulação de seu mundo (hábitat percebido) explica o porquê de as organizações empresariais deixarem de perceber ameaças e oportunidades que possam existir para si no hábitat real. De rigor, sua natureza é mais de dinossauro. Uma maior capacitação cognitiva, construtora de conhecimento e responsiva de que os seres humanos individuais são capazes é algo a ser objetivado com toda a dedicação e persistência. Sabe-se que os humanos só agem assim em situações especialíssimas, como os heróis dos "filmes de ação" nas cenas finais.

O menor condicionamento da organização empresarial para cognição-conhecimento-resposta é decorrente de suas expectativas e de seu planejamento. Planos e expectativas são resultado da antecipação mental que se faz do mundo que se terá à frente e das ações que se deverão empreender para chegar a um momento futuro favorável. Quando se tem uma expectativa ou se planeja, tem-se uma visão do futuro que provavelmente deverá acontecer. Ao mesmo tempo em que se têm expectativas e se planeja, assume-se um mundo onde o esperado ou programado vai ocorrer. A tendência humana individual (e organizacional, a do nosso animal coletivo) é a de querer confirmar as premissas de futuro assumidas e de ver apenas as variações de ambiente que confirmem o que se tinha como certo ou provável. A possibilidade de perceber o que vai contra essas assunções é pequena.[35] Até o meio de um "filme da ação", o herói comporta-se, em geral, como tolo e desatento.

A *dino* não percebe os sinais que possam trazer novidades contradizentes do planejado ou projetado. Ela tende a processar cognitivamente mais aquilo que confirme as expectativas que já tinha. A sua idiossincrasia cognitiva é a de um dinossauro como o imaginamos nas nossas fantasias: pe-

---

[35] Weick e Sutcliffe (2001:34).

sado e pouco reativo, muito preso à sua visão de mundo. Corresponde a um modelo que só dá certo quando o tamanho da organização é o suficiente para o sucesso. As *dinos* podem ser grandes ou mesmo pequenas, com postura de grande. Sua característica básica é a de serem encantadas por suas crenças, expectativas e planos, por sua visão arrogante, por sua fixação no seu hábitat percebido.

A *andro* é razão e emoção em simbiose plena. É o comportamento voltado por inteiro à sobrevivência e à superação em um mundo tomado como repleto de ameaças e oportunidades. O comum é as organizações empresariais serem *dinos*. O que se pretende, neste capítulo, é sugerir sua transformação em *andros* em sua plenitude.

Os planos e o hábitat percebido

Como dito, a *dino* não dá conta de ameaças e mesmo de oportunidades que surjam e não estejam dentro dos seus projetos em andamento ou em estudo. Em outras palavras, o aparelho cognitivo da *dino* exclui, como "pontos cegos", as ameaças e as oportunidades fora de seu hábitat percebido. Esse fato leva a que os pequenos sinais de ameaça possam transformar-se em efetivos danos à *dino* e/ou a seus produtos/lucro, uma vez que não houve, em tempo, as respostas adequadas, enquanto era simples tomá-las. Quanto às oportunidades não assumidas no âmbito das expectativas e dos planos, essas também não são percebidas quando apenas haja mínimos sinais de sua existência. Tais oportunidades são deixadas livres e disponíveis para as organizações empresariais que as tenham incluído em suas expectativas e planos, por estarem dentro de sua própria subjetividade cognitiva, ou seja, de seu hábitat percebido. Ou ainda para as *andros*, que lidam com o hábitat real com desembaraço.

A tendência para ver tudo dando certo, com base nas suas expectativas e planos, é comum a todas as *dinos*. As significações capturadas dos ambientes tendem a ser de natureza confirmatória do que já viam ou percebiam. Se dentro das expectativas da *dino* já havia essa ou aquela antevisão de algo ruim, esse evento futuro negativo será visto como que em confirmação do bom trabalho de planejamento e visão. Será, ainda, identificado com toda a facilidade, uma vez que dentro das expectativas. Poderá mesmo ser visto em mínimos signos. Desses mínimos signos extraindo-se significações confirmadoras do evento negativo.

Planejar tem a ver com pensar e organizar para o futuro, de conformidade com o nosso desejo ou aceitação de como esse futuro deva ser. Para tanto, antecipam-se as decisões que se tomarão dentro do espaço entre agora e a meta futura que se quer alcançar. Planejar é estabelecer o que se vai fazer e como. Planeja-se para enfrentar o inevitável, antecipar-se com ações ante o indesejado e para de algum modo controlá-lo (Weick e Sutcliffe, 2001:79).

Há sempre, nos planos, a assunção de que os eventos vão se desdobrar de forma predeterminada ou predeterminável. Ora, toda a vez em que se assume o "predeterminado" como "pré-verdadeiro" passa-se a não se ter meios de perceber o "inesperado" de imediato. Os mecanismos de sensorialização da *dino* não se dirigem ao que *não* está dentro do planejado ou visto como importante dentro do planejado. Não se dirigem ao que, de algum modo, esteja fora do seu sistema de decisões antecipadas, inclusive suas revisões e procedimentos de contingência, ou cenários alternativos. Mesmo as revisões e procedimentos de contingência são elementos inspirados pelas assunções e premissas do plano inicial. Mesmo se um plano é abandonado em favor de outro plano novo, esse último, por ser plano, vai também repetir a mesma fenomenologia excludente do que não for familiar aos seus fundamentos.

O evento favorável ou desfavorável, que *não* estiver contido no âmbito do esperado nas expectativas, planos, antevisões, inclusive nas crenças e nos preconceitos das *dinos*, não será normalmente interpretado e dele não se extrairão significações. Serão vistos simplesmente, mas não serão enxergados como signos a interpretar.

A tendência será de não se observarem tais eventos desfavoráveis enquanto em formação. Não serão observados como contendo significações relevantes. Não haverá, assim, procedimento interpretativo. Não se transformarão em signos conducentes a interpretação e significação e a *sensemaking*. Não servirão para que se forme conhecimento e se reflita em respostas.

O inesperado *(unexpected)* e a atentividade *(mindfulness)*

Incluir no hábitat percebido mais e mais significações do hábitat real e lidar com o inesperado são características das *andros*, ou seja, a nossa evolução das *high-reliability organizations* (HROs) de Weick e Sutcliffe.[36] Elas se organizam para não cometer erros e aproveitar oportunidades. Os seus erros teriam conseqüências insuportáveis. As oportunidades iriam para o proveito dos concorrentes. Assim, ainda que falhas sejam sempre possíveis e aconteçam mesmo nas *andros*, elas automodelam-se para perceber com a maior antecipação o que possa lhes trazer ameaça de danos ou opor-

---

[36] Weick e Sutcliffe (2001) chamam a nossa *andro* de *high-reliability organizations* (HROs), dando como exemplos típicos os porta-aviões de combate nucleares e as usinas nucleares. Os autores, no entanto, não exploram o aspecto das oportunidades perdidas; centram-se nos riscos não percebidos.

tunidade de ganho. Sua gestão é deliberadamente atenta a todo o ambiente onde operam. O seu hábitat percebido é ampliado para a inclusão renovada do hábitat real.

Fato é que a experiência das HROs é utilíssima para a nossa *andro*, isto é, para as organizações empresariais que queiram alcançar ou manter sua liderança nos mercados relevantes de seus produtos/lucro, e buscar outros mercados. Cabe exercício semelhante ao da *engenharia reversa* para saber-se como funcionam.

As *andros* caracterizam-se por serem alta e intransigentemente atentas, isto é, "ligadas" integralmente. O seu "sistema nervoso" está sempre em alerta máximo para tudo observar e tudo tomar como determinante de processamento de cognição-conhecimento-resposta. Do mesmo modo, dedicam-se a cumprir os seus planos e tarefas de uma forma permanentemente crítica e de alta consciência reflexiva. São *organizações andróides*.

O nome escolhido (Weick e Sutcliffe, 2001:42) para significar esse modo *andro* de ser é *mindfulness*, traduzido por *atentividade*.[37]

Atentividade significa o permanente escrutínio das expectativas e assunções existentes na organização empresarial. Tem a ver com a contínua revisão das mesmas expectativas, com base em novas experiências, motivações e capacitações para a construção de outras expectativas que se valham da experimentação do que foi o inesperado e ocorreu. Significa ainda a busca de uma visão mais e mais rica do ambiente e dos contextos em geral, com a necessária preocupação de aprender como agir com sucesso diante da realidade obscura, ou seja, o hábitat real.

---

[37] O *Dicionário Houaiss* registra "atentivo". Houaiss não anota o termo "atentividade". Achamos, no entanto, que "atentividade" é aceitável, uma vez que a palavra "atenção" não apresenta o conteúdo que desejamos no contexto.

94 A organização andróide

Em outras palavras, a atentividade pode ser entendida como a atitude típica de uma organização processadora de cognição-conhecimento-resposta no seu melhor padrão. A atitude atenta resulta em rápidas respostas às interações ambientais, que são signos a interpretar e necessariamente responder. Por ser "preemptiva" (ou seja, por agir em antecipação) é preventiva de danos e geradora de oportunidades mercadológicas antes que elas se tornem evidentes para todos.

Como elementos modelantes, nas organizações empresariais atentas, estão os operadores do conhecimento. Esses, inclusive e especialmente o CEO, que deve ser o operador do conhecimento mais notável, são recrutados, selecionados, treinados e descartados para desenvolver as seguintes *quatro regras da gramática andróide*:[38]

- criticismo a planos, procedimentos e estratégias durante sua execução;

- resistência à simplificação ao interpretarem-se signos e símbolos;

- incessantes reinterpretações em busca de viabilidades e oportunidades;

- ações de cognição ("improvisação") na expansão do escrutínio dos ambientes.[39]

---

[38] Trata-se, a seguir, de uma adaptação livre e nossa das categorias básicas de Weick e Sutcliffe (2001). Não há uma correlação exata, uma vez que tivemos o propósito de ampliar os conceitos dos autores para alcançar e incluir as iniciativas de inovação e de criação não-constantes das dimensões fundamentalmente "operacionais" das HROs.

[39] O entendimento de *improvisation* que consideramos para efeito dessa recomendação é o desenvolvido por Cunha, Cunha e Kamoche (1999): *"the conception of action as it unfolds, drawing on available material, cognitive, affective and social resources".*

Um modelo de organização andróide

A automodelagem da organização empresarial do século XXI é resultado da necessidade permanente de adaptação ambiental para a troca de produto por lucro. Há troca de valores: o veiculado pelo produto e o veiculado pelo dinheiro do comprador (ou pagamento alternativo). Para a organização empresarial, os ingressos e reinvestimentos de recursos feitos pela governança corporativa são ativos. Só com a troca econômica de mercado, a organização empresarial alimenta-se verdadeiramente.

Essa ponderação leva à idéia de que é a partir das relações de produto/lucro que a *andro* desenvolve automodelagem adequada. Essas interações fazem resultar efeitos de "baixo para cima" (*bottom-up*), na medida em que a organização empresarial é uma estrutura hierarquizada.[40] O fundamento está no produto/lucro e nos seus correspondentes ativos/passivos. As diversas relações de ativos/passivos *vis-à-vis* produto/lucro são o corpo da *andro*. O que houver, além das divisões por produto/lucro na *andro*, serão elementos que deverão ajudar a que os produtos se substituam, ou se modifiquem ou criem famílias de produtos diferenciados. Ou ainda se extingam por perda de capacitação de sua troca por lucro. Em outras palavras: os pontos onde deve ser desenvolvida a sensibilização da *andro* para cognição e ações de cognição são os do produto/lucro. Os fluxos de conhecimento devem ter lá seu ponto mais crítico, o de maior exposição e fricção com os ambientes.

---

[40] Como já dito, a hierarquia é uma referência fundamental da organização empresarial. Quando criticamos a hierarquia, não dissemos que ela possa ou deva ser eliminada. Fizemos nossa crítica para mostrar que a hierarquia deve ajustar-se à necessidade de geração contínua de cognição-conhecimento-resposta.

A automodelagem é focada no produto/lucro

Para a prescrição do que seja a *andro*, automodelagem é o processo contínuo de transformação de significações dos ambientes para conhecimento e respostas sobre os ativos/passivos dirigidos em discurso enxuto, articulado e elegante para a entrega de determinado produto contra lucro.

A *andro* movimenta-se no espaço-tempo (como vimos no estudo dos ambientes). É no correr do tempo que a concepção, processo e entrega do produto para lucro transformam-se sob a provocação das significações extraídas das interações ambientais que determinam a construção de conhecimento e das respostas.

No momento *zero*, o do lançamento do produto em mercado, registra-se a base ambiental do *business plan* que fundamenta o sistema a se tornar operativo. Com o correr do tempo, esse modelo posto em execução enfrentará interações ambientais e variações na sua maior ou menor aproximação do lucro previsto.

Com base em Weick (2001b:412-413), cabe um sistema de ativos/passivos *vis-à-vis* produto/lucro que sirva para ser alterado no curso do tempo, por força de respostas. Dentro da estrutura de um *chronically frozen system*, recomendamos sucessões de momentos "fotográficos" certos. Desse modo, sempre se terá uma automodelagem a que se possa retornar, ou estudar em retrospectiva, quanto à *rationale* do *sensemaking* que tenha sido praticado, de modo a se ter, todo o tempo, meios para a produção de conhecimento sobre erros e disfunções do *sensemaking* ocorrido. A concepção alternativa, o chamado *chronically **unfrozen** system*, não é adequada para a manutenção dos registros.

Premissas ambientais de suporte ao *business plan*

O *business plan* que der suporte a um sistema de *ativos/ passivos* vis-à-vis *produto/lucro* deve apresentar sua própria fundamentação na forma de uma listagem de todas as *premissas ambientais* sobre as quais se sustenta.

Essas premissas ambientais correspondem ao momento "zero" dos nove ambientes, que já estudamos, em conexão com o desenho de um sistema.

As premissas ambientais podem ser, por exemplo:

- ambiente jurídico e da governança corporativa — premissa ambiental: *a andro X é o veículo escolhido tanto para produzir como para comercializar o produto*;

- ambiente cultural — premissa ambiental: *o produto é bem aceito por cristãos, judeus e muçulmanos*;

- ambiente socioeconômico — premissa ambiental: *o preço a ser pago pelo produto corresponde à metade do preço do seu concorrente mais caro no mercado*;

- ambiente científico-tecnológico — premissa ambiental: *não há possibilidade de nova tecnologia para o tipo de produto ser disponível nos próximos três anos*;

- ambiente do consumidor — premissa ambiental: *o produto não é uma droga que precise ser prescrita por um médico*;

- ambiente dos recursos internos — premissa ambiental: *o produto tem o uso exclusivo da fábrica em Campinas*;

98 A organização andróide

- ambiente dos recursos externos — premissa ambiental: *o recrutamento e a seleção dos operadores do conhecimento adequados (fluentes em inglês e chinês) não tomará mais de 120 dias;*

- ambiente concorrencial — premissa ambiental: *nenhum concorrente terá um* marketshare *maior que 15% nos próximos dois anos;*

- ambiente "espaço-tempo" — premissa ambiental: *o melhor momento para o lançamento do produto é agora.*

Isso foi uma ilustração. A *andro* deve ter muitas premissas ambientais para cada sistema. Essa providência é importante para facilitar a "sintonia fina" da percepção da mudança no tempo daquilo que deu fundamento ao *business plan* como foi feito. Importa ainda registrarem-se os elementos de conhecimento que deram apoio às premissas ambientais.

A cada cognição de variação nas premissas ambientais, caberão respostas adaptativas em seguida à cognição do que mudou e da construção de conhecimento pertinente. Haverá redesenhos todo o tempo. Nesse quadro, os *knowledge search engines* são uma necessidade na monitoração da evolução dos ambientes. O monitoramento torna-se mais fácil à medida que a *andro* e as *search engines* usem a mesma língua natural para armazenar e recuperar conhecimento. Sempre a lingüística, a conectividade entre as pessoas e os meios informáticos, e a conectividade interpessoal pelo melhor letramento funcional são relevantes.

O CEO na andro

A seguir, como o CEO garante a automodelagem da *andro*.

A organização andróide **99**

Co-imposição, com os demais operadores do conhecimento, das *quatro regras da gramática andróide*:

- criticismo a planos, procedimentos e estratégias durante sua execução;

- resistência à simplificação ao interpretarem-se signos e símbolos;

- incessantes reinterpretações em busca de viabilidades e oportunidades;

- ações de cognição ("improvisação") na expansão do escrutínio dos ambientes.

Sustentação, por outros tantos conceitos, da qualidade dos fluxos de conhecimento e o acolhimento de novos, como:

- canalização dos fluxos de conhecimento para operadores do conhecimento mais aptos a produzir conhecimento e respostas em um domínio específico ou que tenham habilidade criativa;

- atenção para o hábitat real;

- desenvolvimento do letramento funcional entre os operadores do conhecimento;

- uso da tecnologia da informação e comunicação em sistemas integrados com fornecedores, compradores, parceiros e mecanismos de *knowledge search*.

Gerenciamento da validação de fluxos de conhecimento em face de persistente *equivocalidade* de significações ou entre significações extraídas das interações ambientais, bem como o discernimento entre equivocidade e oportunidade para criatividade/inovação.

100 A organização andróide

Julgamento sobre o cabimento e oportunidade das *respostas de intervenção*, como já definidas neste livro.

Diferenças entre as dinos e as andros

Dinos	*Andros*
Ênfase no hábitat percebido; esquema cognitivo limitado e estável; "lógica da razão"; criatividade e inovação compradas fora ou hierárquicas (*top-down*)	Ênfase no hábitat real; esquema cognitivo voltado para a novidade; "lógica das percepções"; criatividade e inovação endógenas nos fluxos de conhecimento
Confiança nos planos e estratégias; baixa reflexividade; insistência no modelo adotado de ativos/passivos *vis-à-vis* produto/lucro ante as interações ambientais	Criticismo aos planos e estratégias; alta reflexividade; revisão permanente da relação ativos/passivos *vis-à-vis* produto/lucro ante as interações ambientais
Cartesianismo e seqüencialismo; hierarquia; redes hierárquicas de reporte único; demora nas respostas; automodelagem inibida; TIC para a função controle	Relativismo sistêmico; co-responsabilidade decisória; reportes duplos e triplos; *timing* nas respostas; automodelagem desejada; TIC para os fluxos de conhecimento
Cognição e ações de cognição desarticuladas da produção de respostas; "improvisação" como algo negativo	Cognição e ações de cognição totalmente articuladas com o propósito de respostas; "improvisação" como algo positivo
Entraves nos fluxos de conhecimento por força de iletramento funcional; atenção no que dá certo (reforço positivo); *sensemaking* superficial na interpretação de significações contraditórias do ambiente	Fluidez dos fluxos de conhecimento por força de letramento funcional; atenção no que dá errado (para consertar); *sensemaking* denso na interpretação das significações contraditórias do ambiente

Conclusão

As organizações empresariais são sempre organizações processadoras de cognição-conhecimento-resposta. A diferença básica entre as velhas *dinos* e as novíssimas *andros* é que as últimas apresentam fortemente a característica da automodelagem. As *dinos* também processam conhecimento, só que de forma inconsistente e atrapalhada.

No ambiente do século XXI, as organizações empresariais devem buscar e efetivamente estão buscando ser automodelantes. É para isso que Weick e Sutcliffe (2001) e a volumosa literatura de administração apontam. Ocorre que, do momento em que o sucesso das empresas com maior rapidez adaptativa se apresenta, descobre-se que os seus bons resultados se devem ao incessante processo de se auto-organizarem. Não mais se projetam estruturas, mas sim se tem aceitado a regra do permanente desequilíbrio estrutural condizente com a idéia de automodelagem. Em outras palavras, o momento atual é de exacerbação máxima do processamento de cognição-conhecimento-resposta pelas organizações empresariais. Automodelagem e processo de cognição-conhecimento-resposta são, a rigor, o mesmo fenômeno.

O quadro anterior, de diferenças entre as *dinos* e as *andros*, é uma sugestão seminal de pesquisa a ser feita nas organizações para se saber até que ponto cada uma é mais ou menos *andro*, ou mais ou menos *dino*. Ele serve também para que o leitor sugira ou discuta metas, no âmbito de sua organização empresarial, a serem alcançadas na direção da transformação de características *dino* para características *andro*.

Essa transformação das organizações dependerá de uma evolução *darwiniana* velocíssima. Pensamos, no entanto, que esse caminho é inafastável, uma vez que já existe abundante TIC e conhecimento de psicologia social para esse efeito, além da própria tecnologia de *management*.

A substituição do domínio dos grandes dinossauros pelo dos seres humanos foi um processo longo. A substituição das organizações dinossauro pelas organizações andróides é processo histórico bem curto, comparativamente. Observe-se que a organização empresarial padrão do pós-II Guerra Mundial era caracterizadamente *dino*. A nova organização empresarial é andróide.

Uma última questão.

Estariam as organizações empresariais brasileiras ainda em tempo de superar suas características *dino* e alcançar características *andro*? Não sabemos. O ambiente brasileiro é hostil em termos de legislação, políticas governamentais, indigência educacional e cultura não-meritocrática. No entanto, isso tudo não impede necessariamente que *andros* brasileiras surjam, aqui ou ali, e possam ser exemplares magníficos.

Referências bibliográficas

BARNEY, J. B. Firm resources and sustained competitive advantage. *Journal of Management*, n. 17, p. 99-120, 1991.

BERTALANFFY, L. von. *General system theory*. New York: George Braziller, 2001.

BOULTON, R. et al. *Decifrando o código de valor:* novas estratégias para investir, avaliar e gerenciar o que é importante na sua empresa. Rio de Janeiro: Campus, 2001.

BURKE, P. *Uma história social do conhecimento:* de Gutenberg a Diderot. Rio de Janeiro: Jorge Zahar, 2003.

CARVALHO, G. de A. S. *Responsabilidade civil concorrencial:* uma introdução ao direito concorrencial privado. Rio de Janeiro: Lumen Juris, 2002.

_____. *A nova empresa na era da concorrência e da gestão do conhecimento*. Rio de Janeiro: FGV, 2003.

CAVALCANTI, B. S. *O gerente equalizador:* estratégias de gestão no setor público. Rio de Janeiro: FGV, 2005.

CHAMPY, J. *Engenharia cruzada:* reinventando seus negócios na era digital. Rio de Janeiro: Rocco, 2003.

CHOO, C. W. *The knowing organization:* how organizations use information to construct meaning, create knowledge and make decisions. New York: Oxford University Press, 1998.

COASE, R. H. *The firm, the market and the law.* Chicago-London: University of Chicago Press, 1988.

COELHO NETTO, J. T. *Semiótica, informação e comunicação.* 6. ed. São Paulo: Perspectiva, 2003.

COHEN, C. E. Person categories and social perception: testing some boundaries of the processing effects of prior knowledge. *Journal of Personality and Social Psychology,* n. 40, 1981.

CUNHA, M. P. e; CUNHA, J. V. da; KAMOCHE, K. Organizational improvisation: what, when, how and why. *International Journal of Management Reviews,* n. 1, p. 299-341, 1999.

DAMÁSIO, A. R. *Mistério da consciência.* São Paulo: Companhia das Letras, 2000.

_____. *O erro de Descartes:* emoção, razão e cérebro humano. São Paulo: Companhia das Letras, 2001.

DAVENPORT, T. H.; PRUSAK, L. *Working capital.* Boston: Harvard Business School Press, 1998.

DAVIS, S. M.; MEYER, C. *Future wealth.* Boston: Harvard Business School Press, 2000.

DE BONO, E. *I am right you are wrong: from this to the new renaissance* — from rock logic to water logic. New York: Penguin Books, 1991.

DE GEUS, A. *The living company.* Cambridge: Harvard Business School Press, 2002.

DIDEROT, D. *L'Encyclopédie.* Paris, 1751-1772. v. 5.

DIERICKX, I.; COOL, K. Asset stock accumulation and sustainability of competitive advantage. *Management Science,* v. 35, n. 12, p. 1504-1513, 1989.

DRUCKER, P. *Sociedade pós-capitalista.* São Paulo: Pioneira, 1993.

_____. *The essential Drucker*. New York: Harperbusiness, 2001.

ECO, U. *Tratado geral de semiótica*. 4. ed. São Paulo: Perspectiva, 2003.

EDVINSSON, L. *Longitude corporativa* — navegando na economia do conhecimento. São Paulo: M. Books, 2003.

EXAME. *Investimento sem risco*. 17 jul. 1996.

FAYOL, H. *Administration industrielle et genérale*. Paris: Dunod, 1950.

FOUTS, R.; MILLS, S. T. *Next of Kin*: my conversations with the chimpanzees. New York: Bard Books, 1998.

GALBRAITH, J. R. *Designing organizations*. San Francisco: Jossey-Bass, 2002.

JOHNSON, S. *Emergence*: the connected lives of ants, brains, cities and software. New York: Simon & Schuster, 2002.

KELLEY, T.; LITTMAN, J. *A arte da inovação*. 2. ed. São Paulo: Futura, 2002.

KELLY, G. A. *Principles of personal construct psychology*. New York: Norton, 1955.

KOCH, R. *The power laws*: the science of success. London: Nicholas Brealey, 2000.

KOTLER, P. *Administração de marketing*. 10. ed. São Paulo: Prentice Hall, 2000.

KROGH, G. von; ROOS, J. *Organizational epistemology*. London: Macmillan, 1995.

_____; ICHIJO, K.; NONAKA, I. *Enabling knowledge creation*: how to unlock the mystery of tacit knowledge and release the power of innovation. New York: Oxford University Press, 2000.

KUHN, T. S. *A estrutura das revoluções científicas*. 8. ed. São Paulo: Perspectiva, 2003.

LAWRENCE, P.; LORSCH, J. *Organization and environment*. Cambridge: Harvard Business School Press, 1967.

LUHMANN, N. *Social systems*. Stanford: Stanford University, 1996.

MARKUS, H. R. Self-schemata and processing information about the self. *Journal of Personality and Social Psychology*, n. 35, 1977.

MATURANA, H.; VARELA, F. *De máquinas e seres vivos*: autopoiese, a organização do vivo. 3. ed. Porto Alegre: Artmed, 2002.

McDONALD, M. et al. *Clientes*: os verdadeiros donos da empresa. São Paulo: Futura, 2001.

MENÁRD, C. The economics of the hybrid organizations. *Journal of Institutional and Theoretical Economics*, n. 160, p. 345-376, 2004.

MINGERS, J. *Self-producing systems*: implications and applications of autopoiesis. New York: Plenum Press, 1995.

MORGAN, G. *Imagens da organização*. 2. ed. São Paulo: Atlas, 2002.

_____; FROST, P. J.; PONDY, L. R. Organization symbolism. In: PONDY, L. R. et al. (Eds.). *Organization symbolism*. JAI Press, 1983.

NONAKA, I.; HIROTAKA, T. *Criação de conhecimento na empresa*. Rio de Janeiro: Campus, 1997.

PEIRCE, C. S. *Semiótica*. 3. ed. São Paulo: Perspectiva, 2003.

PENROSE, E. T. *The theory of growth of the firm*. London: Basil Blackwell, 1959.

PETERAF, M. A. The cornerstone of competitive advantage: a resource-based view. *Strategic Management Journal*, n. 14, p. 179-191, 1993.

PIAGET, J. *O nascimento da inteligência na criança*. 4. ed. São Paulo: LTC, 1987.

PORTER, M. E. *Vantagem competitiva*: criando e sustentando um desempenho superior. 19. ed. Rio de Janeiro: Campus, 1989.

PRAHALAD, C. K.; HAMEL, G. The core competence of the corporation. *Harvard Business Review*, p. 79-91, May/June 1990.

RITTO, A. C. de A. *Organizações caórdicas*: modelagem de organizações inovadoras. Rio de Janeiro: Ciência Moderna, 2005.

ROTH, G. *Conditions of evolution and adaptation in organisms as autopoietic systems*. Stuttgart: Fischer, 1982.

SAUSSURE, F. de. *Curso de lingüística geral*. São Paulo: Cultrix, 1969.

SCHOEMAKER, P. J. H.; AMIT, R. The competitive dynamics of capabilities: developing strategic assets for multiple futures. In: DAY, G.

S.; REIBSTEIN, D. J. *Wharton on dynamic competitive strategy*. New York: John Wiley, 1997.

SMIRCICH, L.; MORGAN, G. Leadership: the management of meaning. *Journal of Applied Behavior Science*, n. 18, 1982.

_____; STUBBART, C. Strategic management in an enacted world. *Academy of Management Review*, n. 10, 1985.

STEINER, C. *Achieving emotional literacy*: a personal program to increase your emotional intelligence. New York: Avon Books, 1997.

STEWART, T. A. *Capital intelectual:* a nova vantagem competitiva das empresas. Rio de Janeiro: Campus, 1998.

_____. *A riqueza do conhecimento*. Rio de Janeiro: Campus, 2002.

STRUNK JR. W. *The elements of style*. 4. ed. New York: Longman, 1999.

TAYLOR, F. W. *Scientific management*. New York: Harper and Brothers, 1947.

TEUBNER, G. *O direito como sistema autopoiético*. Lisboa: Fundação Calouste Gulbenkian, 1993.

THOMPSON, A. A.; STRICKLAND, A. J. *Planejamento estratégico*: elaboração, implementação e execução. São Paulo: Pioneira, 2002.

VICKERS, C. G. *Towards a sociology of management*. London: Chapman & Hall, 1967.

_____. *Human systems are different*. London: Harper & Row, 1984.

VYGOTSKY, L. S. *Mind in society* — the development of higher psychological processes. Cambridge: Harvard University Press, 1980.

WEBER, M. *Economia y sociedad*. México: Fondo de Cultura Económica, 1992.

WEICK, K. *The social psychology of organizing*. 2. ed. New York: McGraw-Hill, 1979.

_____. Organizational redesigning as improvisation. In: HUBER, G. P.; GLICK, W. H. *Organizational change and redesigning*: ideas and insights for improving performance. New York: Oxford University Press, 1995a.

_____. *Sensemaking in organizations*. London: Sage, 1995b.

_____. *Making sense of the organization.* London: Blackwell, 2001.

_____; SUTCLIFFE, K. M. *Managing the unexpected:* assuring high performance in a age of complexity. San Francisco: Jossey-Bass, 2001.

WELCH, J.; BYRNE, J. A. *Jack Welch:* straight from the gut. New York: Warner Books, 2001.

WERNERFELT, B. A. A resource based view of the firm. *Strategic Management Journal*, n. 5, p. 171-180, 1984.

WIKSTRÖM, S.; NORMANN, R. *Knowledge and value:* a new perspective on corporate transformation. London: Routledge, 1993.

WINTER, S. G. Knowledge and competence as strategic assets. In: TEECE, D. J. (Org.). *The competitive challenge.* Cambridge: Ballinger, 1987.

WOMACK, J. P.; JONES, D. T. *Lean thinking* — banish waste and create wealth in your corporation. New York: Simon & Schuster, 1996.